DO QUE É FEITA A MAÇÃ

Obras do autor publicadas pela Companhia das Letras

A caixa-preta
Cenas da vida na aldeia
Uma certa paz
Como curar um fanático
Conhecer uma mulher
De amor e trevas
De repente nas profundezas do bosque
Do que é feita a maçã (com Shira Hadad)
Entre amigos
Fima
Judas
Os judeus e as palavras (com Fania Oz-Salzberger)
Mais de uma luz
O mesmo mar
Meu Michel
O monte do mau conselho
Não diga noite
Pantera no porão
Rimas da vida e da morte
Sumchi: Uma fábula de amor e aventura

AMÓS OZ
com Shira Hadad

Do que é feita a maçã

Seis conversas sobre amor, culpa e outros prazeres

Tradução do hebraico
Paulo Geiger

Copyright © 2018 by Amós Oz e Shira Hadad

Grafia atualizada segundo o Acordo Ortográfico da Língua Portuguesa de 1990, que entrou em vigor no Brasil em 2009.

Título original
Mimá Assui hatapuach [ממה עשוי התפוח]

Capa
Kiko Farkas/ Máquina Estúdio

Ilustração de capa
Kiko Farkas

Preparação
Ana Cecília Agua de Melo

Revisão
Huendel Viana
Ana Maria Barbosa

Dados Internacionais de Catalogação na Publicação (CIP)
(Câmara Brasileira do Livro, SP, Brasil)

Oz, Amós, 1939-2018.
      Do que é feita a maçã : seis conversas sobre amor, culpa e outros prazeres / Amós Oz, Shira Hadad ; tradução do hebraico Paulo Geiger. — 1ª ed. — São Paulo : Companhia das Letras, 2019.

      Título original: ממה עשוי התפוח [Mimá Assui hatapuach].
      ISBN 978-85-359-3212-6

      1. Escritores israelenses 2. Literatura – Diálogos 3. Literatura israelense 4. Oz, Amós, 1939-2018 I. Hadad. Shira. II. Título.

19-23844   CDD-956.053

Índice para catálogo sistemático:
1. Escritores israelenses : Diálogos   956.053

Iolanda Rodrigues Biode – Bibliotecária – CRB-8/10014

[2019]
Todos os direitos desta edição reservados à
EDITORA SCHWARCZ S.A.
Rua Bandeira Paulista, 702, cj. 32
04532-002 — São Paulo — SP
Telefone: (11) 3707-3500
www.companhiadasletras.com.br
www.blogdacompanhia.com.br
facebook.com/companhiadasletras
instagram.com/companhiadasletras
twitter.com/cialetras

Sumário

1. Coração trespassado por uma flecha 9
2. Às vezes 41
3. Um quarto que é só seu 81
4. Quando batem em seu filho 104
5. O que nenhum escritor pode fazer 125
6. Faz tempo que as luzes do sinal de trânsito mudam
   sem nossa ajuda 144

Fontes 165
Agradecimentos 167

Na primavera de 2014, quando eu estava editando *Judas*, de Amós Oz, começamos a conversar. Após a publicação do livro, no verão daquele mesmo ano, descobrimos que a conversa não havia terminado. Continuamos a nos encontrar na casa dele e falamos sobre livros e autores, sobre inspiração e influência, sobre hábitos de escrita e sentimentos de culpa, sobre casamento e paternidade. Depois de algumas semanas passamos da sala de estar para o escritório, e sobre a mesa, entre nós dois, pusemos um gravador.

Acumulamos dezenas de horas de gravação, que resultaram neste livro. As conversas aqui presentes não estão na ordem cronológica em que aconteceram, e nem todo capítulo do livro é transcrição de uma conversa que começou e terminou no mesmo dia. Voltávamos aos temas que continuavam a nos incitar, ampliávamos, encurtávamos, e compusemos poemas separados, que se entremearam. No decorrer desse trabalho conjunto, ficamos amigos. Os capítulos deste livro não são entrevistas jornalísticas, e sim fruto de um continuado diálogo, expressão da amizade e da proximidade que se criaram ao longo de extenso período.

Há muitos temas nos quais nem sequer tocamos. Nenhum de nós dois pensou que o livro deveria ser "abrangente". No verão de 2017 foi publicado o livro de ensaios *Mais de uma luz*. Seus três capítulos se sobrepunham, em parte, às nossas conversas de matiz mais político, e decidimos suprimi-las deste livro. Outras conversas, com caráter mais ensaístico do que as que aqui se apresentam, serão incluídas em outro livro, pessoal e biográfico, a ser publicado no ano que vem, *Kacha hitgabesh Mimá assui hatapuach* [literalmente: Assim se consolidou *Do que é feita a maçã*]: um possível retrato de Amós Oz, como se revelou a mim nos anos recentes.

Shira Hadad
Maio de 2018

1. Coração trespassado por uma flecha

O que impulsiona a sua mão quando escreve?

No pátio do ginásio Rechavia, em Jerusalém, havia um eucalipto no qual alguém tinha gravado um coração trespassado por uma flecha. No coração trespassado, dos dois lados da flecha, estava escrito: Gadi — Ruti. Lembro que já então, eu tinha talvez uns treze anos, pensei: com certeza quem fez isto foi esse Gadi, não Ruti. Por que fez isso? Ele não sabia que amava Ruti? Ela não sabia que ele a amava? E parece que já então eu disse comigo mesmo: talvez algo dentro dele soubesse que isso ia passar, que tudo passa, que esse amor ia acabar. Ele quis deixar alguma coisa. Quis que restasse uma lembrança desse amor quando ele passasse. E isso é muito parecido com o ímpeto de contar histórias, escrever histórias; salvar alguma coisa das garras do tempo e do esquecimento. Sem falar no desejo de dar uma segunda oportunidade àquilo que não terá nunca mais uma segunda oportunidade. Isso também. As forças que impulsionam esta mão que escreve são também o desejo de que não se apaguem, que não sejam como se não tivessem sido — não necessariamente coisas pessoais que me aconteceram. A mim, por exemplo, nunca contrataram para morar no sótão de uma casa antiga e falar durante horas, mediante pagamento, com um velho aleijado, como aconteceu com Shmuel Ash em *Judas*. Isso não aconteceu comigo. Mas em Jerusalém havia pessoas cuja fala lembrava um pouco a de Gershom Wald. Havia, e agora não há. Uma das coisas que desejei foi que isso não fosse esquecido. Essa Jerusalém de gente instruída e de cabeça ardente, que tem um pé em Brenner, outro na Bíblia hebraica, e um pé no quintal de Ben-Gurion, outro em Nietzsche, e mais um pé em Dostoiévski, ou Jabotinsky.*

E você sente que suas motivações para escrever têm mudado no decorrer dos anos, ou são basicamente as mesmas?

Eu não sei, Shira, acho que são as mesmas, mas não tenho certeza. Quase nunca me pergunto quais são minhas motivações para escrever. Quando me sento aqui antes das cinco horas da manhã, depois da caminhada pelas ruas desertas, com o primeiro café, nunca me pergunto quais são as motivações. Simplesmente escrevo.

Mas você se pergunta de onde vem a história?

Sim, sim, às vezes pergunto, e nem sempre tenho uma resposta. Vou te contar algo que tem relação com o que você me perguntou. Uma vez traduzi um poema russo de Ana Akhmátova, mas o traduzi do inglês, da versão de Stephen Berg, pois não

---

* Iossef Haim Brenner (1881-1921), escritor, um dos pioneiros da literatura hebraica moderna. David Ben-Gurion (1886-1973), ativista sionista e líder do movimento sionista na Palestina, leu a proclamação da independência de Israel e foi seu primeiro primeiro-ministro. Zeev Jabotinsky (1880-1940), líder de uma facção de direita do movimento sionista. [Esta e as demais notas chamadas por asterisco são do tradutor. As notas numeradas são referentes às fontes, que estão listadas ao fim do volume.]

sei russo. Ele tem a ver exatamente, exatamente mesmo, com a sua pergunta. Eu o datilografei na máquina de escrever, numa época em que ainda não havia computador. E é assim que esse poema termina:

E às vezes fico sentada. Aqui. Ventos do mar gelado
sopram por minhas janelas abertas. Não me levanto, não
as fecho. Deixo o ar me tocar. Congelo.
Crepúsculo vespertino ou aurora, as mesmas nuvens brilhantes.
Um pombo bica um grão de trigo em minha mão estendida,
e esta amplidão, sem fronteiras, da brancura das páginas na
[coluna em que escrevo —
Um solitário e nebuloso impulso ergue minha mão direita, me
[conduz,
muito mais antigo do que eu, ele vem e desce,
azul como um olho, sem deus, e começo a escrever.

Isso é lindo.

Não sou tradutor, mas este poema eu quis traduzir do inglês. Talvez em russo seja ainda mais bonito, não sei.

Às vezes me pergunto de onde vêm as histórias, e não me sinto muito capaz de responder. Veja, por um lado eu sei, sim, pois tenho vivido a vida toda uma vida de espião. Isso está escrito em *De amor e trevas*. Ouço conversas que não são minhas, olho para pessoas estranhas, e quando estou na fila do posto de saúde, ou na estação ferroviária, ou no aeroporto — nunca fico lendo jornal. Em vez de ler um jornal eu ouço o que as pessoas estão falando, surrupio pedaços de conversas e as completo. Ou olho para as roupas, ou para os sapatos — os sapatos sempre me contam muitas coisas. Olho para as pessoas, presto atenção.

Meu vizinho em Hulda, Meir Sibahi, dizia: toda vez que passo pela janela do quarto em que o Amós escreve eu me detenho um momento, pego um pente e me penteio, pois se eu entrar numa história do Amós, quero entrar penteado. Tremendamente lógico, mas não é assim que funciona comigo. Vamos dizer, sei lá... uma maçã. Tome uma maçã. Do que é feita a maçã? Água, terra, sol, uma macieira e um pouco de adubo. Mas ela não se parece com nenhuma dessas coisas. É feita delas, mas não se parece com elas. Assim é uma história, que com certeza é feita de uma soma de encontros e experiências e atenções.

Meu primeiro impulso é o de adivinhar o que eu sentiria se fosse ele, o que sentiria se fosse ela: o que estaria pensando? O que estaria querendo? Do que eu me envergonharia? O que, por exemplo, seria para mim importante que ninguém no mundo soubesse a meu respeito? O que eu vestiria? O que comeria? Essas perguntas sempre me acompanharam, ainda antes de eu começar a escrever histórias, desde a infância. Eu era filho único e não tinha amigos. Meus pais me levavam ao café na rua Ben Iehuda, em Jerusalém, e me prometiam um sorvete se eu ficasse quietinho enquanto eles conversavam com os amigos deles. E sorvete era então coisa rara em Jerusalém. Não porque fosse muito caro, mas porque todas as nossas mães, de ponta a ponta, religiosas e seculares, sefaraditas ou asquenazitas, tinham como além de qualquer dúvida que sorvete é inflamação na garganta, e inflamação é infecção, e infecção é gripe, e gripe é angina, e angina é bronquite e bronquite é pneumonia e pneumonia é tuberculose. Resumindo — era ou sorvete ou filho.

Mas assim mesmo me prometiam que daquela vez me comprariam um sorvete se não os perturbasse enquanto conversavam. E eles conversavam lá com os amigos deles pelo menos 77 horas sem interrupção. Eu, para não enlouquecer de tanta solidão, simplesmente comecei a espionar os que estavam nas mesas vizinhas. Captava trechos de conversas, ficava olhando, quem pedia o quê ao garçom? Quem pagava? Tentava adivinhar quais eram os laços entre aquelas pessoas em torno da mesa vizinha, tentava até mesmo imaginar, de acordo com seu aspecto e sua linguagem corporal, de onde vinham, como era a casa deles. Faço isso até hoje. Mas não se trata de eu tirar uma foto, voltar para casa, revelar o filme, e temos aí uma história. No trajeto tem muita coisa rolando. Por exemplo, em *A caixa-preta*, tem um rapaz que tem o hábito de coçar a orelha direita com a mão esquerda, passando-a por trás da cabeça. E uma mulher me perguntou de onde eu tinha tirado isso. Pois ela também conhecia alguém que coçava a orelha direita com a mão esquerda por trás da cabeça. Eu respondi que tinha quase certeza de que tinha visto isso alguma vez e ficou gravado em mim, mas onde tinha visto? Você vai me matar, mas eu não sei. Veio de alguma lembrança remota, não veio do ar, mas não tenho ideia de onde foi.

Sabe o quê, vou te dizer uma coisa, quando escrevo um artigo geralmente escrevo porque estou com raiva. A força propulsora principal é o fato de estar com raiva de alguma coisa. Porém, quando escrevo uma história, uma das coisas que impulsionam esta mão é a curiosidade. Uma curiosidade impossível de satisfazer. Fico tremendamente curioso por entrar na pele das pessoas. E acho que a curiosidade não só é uma condição necessária a todo trabalho intelectual, é também uma qualidade moral. Talvez seja também a dimensão moral da literatura.

Venho discutindo isso com o A. B. Yehoshua, que coloca a questão moral na linha de frente da criação literária: crime e castigo. Eu penso que há uma dimensão moral em outro sentido: a de se pôr, você mesmo, por algumas horas, debaixo da pele de outra pessoa, ou dentro dos sapatos de outra pessoa. Isso tem um peso moral indireto, não tão grande assim, não vamos exagerar. Mas eu realmente acho que um homem curioso é um cônjuge um pouco melhor do que um homem não curioso, e também um pai um pouco melhor. Não ria de mim, mas penso que um homem curioso é até mesmo um motorista um pouco melhor na rua ou na estrada do que um homem não curioso, porque ele se pergunta o que quem está dirigindo na faixa paralela é capaz de fazer de repente. Me parece que o homem curioso é também um amante muito melhor do que um homem que não tem curiosidade.

Você se refere, com razão, à curiosidade como sendo uma qualidade humanística. Mas existe também uma outra curiosidade, quase o contrário dessa, como a do menino que disseca uma ave para saber como é por dentro. Na sua opinião, uma literatura feita a partir de uma curiosidade que apresenta o próximo de maneira ofensiva, que às vezes beira o sadismo, pode ser uma grande literatura?

De fato. Não se pode esquecer que também existe uma curiosidade sombria, capciosa. Nós a encontramos tanto em crianças quanto em adultos e em escritores. Curiosidade de pessoas que se agrupam em volta de alguém ferido para ver seu sofrimento e ter prazer com isso. Obras nas quais o escritor está aferrado ao mal e até encantado com ele; por exemplo, *Otelo*, de Shakespeare, ou *Viagem ao fim da noite*, de Céline, também têm uma dimensão moral. Porque elas desafiam o leitor, ou despertam nele anticorpos morais.

E no seu caso, em seus livros, existe às vezes uma curiosidade sombria desse tipo? Na minha opinião, sim.

Claro que existe. Por exemplo, as descrições detalhadas de estertores de agonia no conto "Derech haruach" [O caminho do vento], ou as descrições de sadismo, de torturas e crueldades no conto "Ad mavet" [Até a morte].

Hoje você é um escritor muito conhecido, as pessoas o reconhecem. Essa questão do "contato com a realidade" fica mais problemática com o passar do tempo?

Não. Raramente sou reconhecido nos lugares em que fico observando as pessoas. Se vou a um restaurante, às vezes me reconhecem. Se estou na universidade, me reconhecem. Na oficina mecânica ou na fila do posto de saúde quase nunca me reconhecem. Acontece às vezes de alguém dizer: você não é aquele da televisão? Você já não foi uma vez membro do Parlamento? Acontece. Às vezes, motoristas de táxi. Mas de modo geral as pessoas não me reconhecem. Quando estou no exterior, de jeito nenhum. E nos últimos anos, quando chego a uma cidade no estrangeiro, já não vou a museus, pois os joelhos me doem. Tampouco vou ver os lugares famosos, porque já vi o suficiente. Num café, me sento do lado de fora, e se estiver fazendo frio, numa varanda envidraçada. Sou capaz de ficar sentado sozinho duas ou três horas, olhando para estranhos. Existe algo mais interessante que isso?

E quando você volta do café ou da fila no posto de saúde para sua escrivaninha, existem rituais fixos relacionados à escrita?

Veja, não vou te contar tudo com o gravador ligado. Sem o gravador talvez eu conte mais. Não tudo. Meu ritual consiste em que tudo esteja em seu lugar. O tempo todo, que tudo esteja em seu lugar. Isso amargura a vida da minha família. O tempo todo eu ponho coisas em seu lugar. Alguém começa a tomar um café, Nili, minhas filhas, meu filho, os netos, até mesmo visitas, começam a tomar um café, interrompem por um instante, vão atender o telefone, quando voltam seu café já foi derramado na pia, a xícara foi lavada e emborcada no escorredor.

É difícil se comportar assim numa casa onde há crianças, onde havia crianças.

Sempre ficavam zangados comigo. Tudo que estivesse sobre superfícies era logo removido de lá: chaves, documentos, cartas, bilhetes, qualquer coisa sobre uma superfície ia rapidinho para dentro de uma gaveta. Sem misericórdia.

Sim, estou vendo como suas gavetas estão carregadas.

Ouça, meu pai era bibliotecário, meu genro foi bibliotecário, minha cunhada é bibliotecária, minha mulher é arquivista. Então, o que é que você queria? Até o meu gato arruma a comida dele no prato. E se ele não arrumar, eu arrumo para ele.

Não creio que eu tenha rituais para escrever. Talvez nos outros eu considerasse como rituais. No meu caso são hábitos de trabalho. Meu dia começa cedo. É muito raro em minha vida que tenha escrito algo durante a noite. Mesmo que eu não durma à noite, não escrevo. Só de manhã. Houve um tempo em que era totalmente dependente de cigarros. Não conseguia escrever uma só linha sem fumar, e era muito difícil separar a escrita do fumo. Foi muito difícil, mas já superamos isso.

Você escreve à mão ou no computador?

Escrevo muitos rascunhos à mão. Não copio de um rascunho para outro, e sim escrevo um trecho e ponho na gaveta, escrevo novamente e novamente ponho na gaveta, e escrevo outra versão da mesma cena. Quando na gaveta há quatro, cinco, às vezes até mesmo dez versões, eu tiro todas, faço com elas uma longa fileira sobre a mesa e aproveito alguma coisa de cada uma, e talvez esta seja a versão corrigida, que eu mesmo digito com dois dedos neste computador aqui.

E antes de escrever, você faz as suas caminhadas matinais.

Sim. Todo dia, menos quando chove torrencialmente, ou quando o ar está tão cheio de poeira, como hoje, que fica impossível respirar. Caminhar ajuda a pôr as coisas em proporção. O que é mais importante? O que não é importante? O que será esquecido em alguns dias? E o que, talvez, não será esquecido? Eu caminho até mesmo antes do café. Me levanto, tomo um banho de chuveiro, me barbeio e saio. Às quatro e quinze já estou na rua, quinze para as cinco estou de volta; pouco antes das cinco, lá fora a escuridão ainda é total, eu já estou com um café bem forte junto a esta mesa. Este é o meu horário. Este é todo o ritual.

Wisława Szymborska tem um poema chamado "Quatro da manhã", no qual ela escreve: "Ninguém se sente bem às quatro da manhã".[1] Ela tem razão. Quatro da manhã é terrível!

Sra. Szymborska, é uma pena que a senhora e eu não nos conhecemos, eu teria te convidado para um café e talvez te mostrasse os encantos das quatro da manhã, e eu pagaria o café. Eu não sofro, para mim não é difícil acordar às quatro da manhã. Acordo sem despertador. No sábado também, nos feriados também. O telefone não toca, Nili dorme, e se tem outras pessoas na casa, estão dormindo também, são as horas nas quais ninguém precisa de mim. Em Arad eu ia caminhar no deserto antes do nascer do sol, porque o deserto começava a cinco minutos de casa. Aqui eu às vezes caminho no parquinho, ou à toa pelas ruas, pois acho isso interessante. As janelas estão escuras, a não ser quando deixam a luz do banheiro acesa. Muita gente deixa a luz do banheiro acesa durante a noite. Talvez achem que isso vai atemorizar os ladrões. Ou talvez deixem a luz acesa para o caso de o filho acordar no meio da noite. Talvez achem que a morte não virá se a luz do banheiro estiver acesa.

Uma vez havia uma mulher numa janela iluminada, às quatro e meia da manhã, olhando para a escuridão. E eu parei e fiquei olhando para ela de dentro da escuridão. Não pelo motivo que você está imaginando. Seja como for, não apenas pelo motivo que você está imaginando. Olhava para ela da escuridão e perguntava a mim mesmo o que lhe teria acontecido a uma hora daquelas. Depois ela se afastou da janela e apagou a luz, ou ficou lá olhando para a escuridão, e eu continuei a caminhar, mas saí de lá com a primeira semente de uma história. Que ainda não escrevi. Talvez escreva um dia, talvez nunca.

Além disso, às vezes me ocorre dar bom-dia ao entregador de jornais. Um dia desses, às quatro da manhã, vi no jardim um rapaz com um cão. Não estava passeando com o cachorro, só brincava com ele na grama às quatro da manhã. Atirava um pedaço de pau e o cão trazia para ele. Agora, quando nos aproximamos dos *Iamim Noraim*,* às vezes alguém está indo muito cedo para a sinagoga, para as preces de *Slichot*, levando a sacola com o xale de orações e os filactérios. Então é "bom dia", e se for sábado, é *"Shabat shalom"*, e só. Não paro a fim de falar com as pessoas. Não nessas caminhadas matinais.

E nessas horas você pensa no que vai escrever?

Sim, eu penso no que está me esperando na mesa. Porque quase sempre estou no meio de alguma coisa. Penso então onde estava ontem, onde interrompi, aonde quero levar. Nem sempre o que penso é o que vai acontecer, mas, sim, eu penso, e também, de algum modo, eu trago as pessoas, trago os personagens. Por exemplo, essa mulher, Bracha, da história "Taltalim" [Cachos], ou o marido dela, Moshe. Este Moshe, durante toda a história não diz mais do que cinco ou seis palavras, e também se mostra bastante repugnante no geral. Fisicamente também é bem repulsivo. Mas sabe de uma coisa, eu sabia um pouco mais sobre ele. Sei sobre todos os meus personagens muito mais do que escrevi a respeito deles. Sobre todos. Também sobre Hana, em *Meu Michel*, ou sobre *Fima*. Sobre a infância deles, sobre os pais deles, sobre as fantasias eróticas deles. Só que eu não utilizo tudo o que sei a respeito deles. E quando estava escrevendo "Taltalim" sabia até da outra mulher que Moshe encontrou para ele em Netanya. Não incluí isso na his-

---

* Dias Terríveis, os dez dias entre Rosh Hashaná (Ano-Novo Judaico) e Yom Kippur (o Dia do Perdão). *Slichot* é uma das orações, na qual se pede perdão pelos pecados cometidos.

tória, desde o início estava claro para mim que isso não entraria na história, mas eu queria saber um pouco mais, o que aconteceu ali, que tipo de homem ele é e quais são as queixas que tem dessa Bracha, pois queixas ele tem. Então eu precisava saber tudo isso. Não em benefício da história. Apenas para que houvesse tecido bastante para dele cortar e fazer a roupa. É mais ou menos assim.

Você nunca escreveu sobre guerras, apesar de ter estado em guerras. Isto é, as guerras estão presentes em seus livros de diversas maneiras, mas não há cenas que acontecem no campo de batalha.

É verdade. Nunca escrevi sobre guerra, sobre o campo de batalha. Tentei, mas não consegui. Não sou capaz de escrever sobre isso. Estive duas vezes na guerra, na Guerra dos Seis Dias no Sinai, e na do Yom Kippur, nas colinas de Golã. Não posso escrever sobre isso.

Você tentou?

Sim, tentei contar o que é a guerra. Uma espécie de prosa, ou talvez até mesmo uma espécie de relatório, tentei descrevê-la, registrá-la. Não consegui de maneira alguma. Nem para mim mesmo. Um dos motivos é que a lembrança mais aguda que tenho dos campos de batalha é a dos cheiros. Cheiros não se comunicam, não se transmitem. Nem na literatura, nem no cinema. Nem mesmo em *Guerra e paz*, de Tolstói, nas descrições da batalha de Borodino, ou em Remarque, nas descrições da Primeira Guerra Mundial. Não dá para sentir o cheiro. Nem em *Khirbet Khizeh* [As ruínas de Khizeh] ou em *Iemei Tsiklag* [Dias de Tsiklag], de Yizhar.* Tampouco nos filmes. Não dá para sentir o fedor terrível. E sem esse cheiro, isso simplesmente não é isso.

---

* Yizhar Smilansky (1916-2006), escritor israelense que escreveu sob o nome S. Yizhar.

Nada no mundo fede mais do que um campo de batalha. Metal ardendo e borracha ardendo e corpos ardendo e munição que explodiu e fezes e urina e fumaça e podridão — o que mais atordoa é o cheiro. O fedor. Sim, talvez seja possível estar num palco e dizer: "Fiquem sabendo, a guerra é uma coisa fedorenta", mas isso não vai fazer nenhum efeito. Não existem na língua palavras suficientes para cheiro. Há pouco tempo você releu *De amor e trevas*. Lá não tem nada sobre campos de batalha. Nada. Tem algumas palavras sobre a época em que eu era menino durante o cerco de Jerusalém. Vinte pessoas moravam em nossa casa no porão, porque era um porão e servia de abrigo para todo o prédio. Até mesmo nisso, nesse lado da guerra, o de pessoas, não combatentes, civis, velhos, crianças, todos sem tomar banho, todos fazendo suas necessidades, se apertando em nossa casa, o que mais ficou gravado na minha memória é como cheirava mal. Então, acho que escrevi o quanto fedia.

Certo. E escreveu também sobre o fedor na casa de vocês depois da morte de sua mãe, quando você e seu pai se fecharam em casa.

É impossível transcrever em palavras o fedor de um campo de batalha, eu me rendi. Mas há duas coisas que, assim mesmo, talvez eu consiga contar a você, das primeiras — primeiras mesmo — horas da guerra. Na Guerra dos Seis Dias eu estava na divisão do general Tal, e exatamente no local em que, no dia 5 de junho de 1967, às oito horas da manhã, ou às oito e cinco da manhã, chegou pelo rádio a ordem em código "lençol vermelho", mandando abrir todas as redes de comunicação, que até então se mantinham em silêncio, e então se ouviu no rádio a voz de Talik, "movam-se, movam-se, fim". Isso já é mitologia. Talvez houvesse lá cinquenta tanques, numa área pequena, e todos os cinquenta tanques acionaram os motores ao mesmo tempo, o barulho foi inacreditável. Imagine cinquenta motores pesados e barulhentos.

E eu me lembro de ter dito a mim mesmo: isto não é real, não pode ser. E levei muito tempo lembrando e cavoucando, já depois de tudo terminado, para compreender o que estava me faltando para que aquilo fosse real. Sabe o que estava faltando?

A música.

Exatamente. Pois onde na vida eu tinha visto dezenas de tanques correndo para o combate? Nos filmes. E nos filmes isso sempre está acompanhado por música em tom maior. Depois, também no primeiro dia da guerra, nas primeiras horas, eu estava com alguns homens nas dunas e esperávamos, eu nem me lembro o que estávamos esperando. E de repente, bem no meio de nós, começaram a explodir obuses. E eu ergo os olhos e vejo em cima de uma elevação, a quatrocentos metros de nós, ou talvez apenas trezentos metros, pessoas estranhas com fardas amarelas, apontando para nós um morteiro e atirando. Lembro que não me assustei, que simplesmente fiquei surpreso. Fiquei ofendido: o que se passa com essas pessoas? O quê, ficaram totalmente loucos? São débeis mentais? Não estão vendo que tem gente aqui? Meu primeiro impulso não foi de me jogar no solo, de fugir, de responder ao fogo. Não. Meu primeiro impulso foi simplesmente chamar a polícia: tem aqui uns maníacos que estão atirando em nós com fogo vivo. A vontade de chamar a polícia foi a última coisa normal e lógica que me aconteceu durante o combate. Tudo que veio depois disso foi loucura.

Adaptaram alguns de seus livros para o cinema. Para você, deve ser estranho ver esses filmes.

Há uma espécie de parede de vidro, parece que conheço aquilo, mas não é meu. Dan Wolman filmou uma versão de *Meu Michel*. Esse filme envelheceu com dignidade. Foi feito com um orçamento risível, minimalista, e assim mesmo resiste bem. Me lembro de ter dito depois de assistir ao filme: é tão bonito e tocante, mas tão estranho para mim — como se eu tivesse composto uma obra para violino e de repente a estivessem tocando para mim ao piano.

Você nunca se envolveu na criação de um roteiro baseado num livro seu, certo?
Mais de uma vez me pediram que me envolvesse. Natalie Portman, por exemplo, queria muito que eu participasse na escrita do roteiro de *De amor e trevas*. Recusei. Para mim, escrever um roteiro é uma arte diferente da minha, mas talvez a distância seja menor do que me parece. Muita gente hoje escreve contos e romances usando o presente do indicativo, como se estivesse escrevendo um roteiro. Isso talvez seja um sinal de que essas pessoas na verdade queiram escrever para o cinema. Não têm os meios, não têm dinheiro para investir, mas seus olhos estão voltados para o cinema e não para a literatura. Talvez esses escrevedores tenham assistido a muitos filmes e lido pouca literatura. Não estou dizendo que não haja obras maravilhosas escritas no presente do indicativo, mesmo na literatura, mas o tempo natural no qual transcorre a literatura é o passado. Por isso chamam a isso *story* ou *history*. Escritores são essas pessoas defeituosas que nascem com a cabeça e o pescoço virados para trás.

Me lembro de pelo menos uma história, "Navadim vatsefa" [Nômades e a cascavel], de seu primeiro livro, Artsot hatan [Terras do chacal], que está escrita no presente.
Estou tentando me lembrar. Quase nunca leio meus livros. Tenho a impressão de que também um trecho da história "Os que cavam", do livro *Cenas da vida na aldeia*, está escrito no presente. Não sou dogmático no que tange ao tempo gramatical no qual se conta uma história. Pode-se contar uma história no presente,

aqui e ali há histórias nada más escritas no futuro. Nas primeiras histórias de A. B. Yehoshua, se não me engano, tem uma história que é em parte escrita no futuro, creio que é no livro *Mul haiaarot* [Diante das florestas]... É isso: a frase que encerra o conto "Iom sharav aroch" [Um longo dia de vento quente e seco] no livro *Mul haiaarot*.[2] O conto inteiro é escrito no presente, mas em sua conclusão Buli passa para o tempo futuro. Na verdade eu também fiz isso nas duas últimas páginas de *Meu Michel*. Não tenho uma posição dogmática quanto a isso, mas ainda acho que mesmo quando a história está escrita no tempo futuro, ela está voltada para o passado. Digamos, ficção científica. Digamos, uma história que se passa no ano 3000, dentro de mil anos, ainda está escrito nessa história: O capitão Nemo despertou de seu sono pela manhã. Não está escrito: O capitão Nemo despertará de seu sono pela manhã. O tempo passado gramatical é a água em que vive esse peixe chamado literatura.

Você realmente não lê os seus livros depois que são publicados?

Ler uma página que você escreveu é como ouvir sua voz numa gravação: é estranho, constrangedor. Se às vezes eu abro um livro meu, acontece uma de duas coisas: ou fico frustrado porque vejo que hoje eu poderia escrever aquilo melhor, ou fico frustrado porque acho que nunca mais escreverei tão bem. Em ambos os casos eu me frustro, então por que ler aquilo? A única exceção é *O mesmo mar*, ao qual eu volto, sim, porque não acredito muito que o tenha escrito. Não o vejo como sendo um livro meu. Não sei de onde ele veio. Ele passou por mim e saiu do outro lado.

Você deu um curso sobre ele na universidade.

Sim, uma vez em Beer Sheva e uma vez em Tel Aviv, o mesmo curso.

E por que exatamente sobre este livro? Pelo que você acabou de dizer?

Porque é o único de meus livros ao qual eu posso voltar, eu até me entusiasmo um pouco. Eu o leio e fico admirado. Não é modesto dizer isso, mas eu leio e realmente me surpreendo. Para mim, este livro está bem escrito. Olho para ele como uma vaca que pariu uma gaivota.

Você não lê os livros que escreveu porque isso te frustra. Mas me fale um pouco sobre a relação que você desenvolveu com seus livros à medida que o tempo foi passando.

Tem livros que se distanciaram pouco de mim, e tem livros que se distanciaram muito de mim. Por exemplo, aqui e ali ainda me convidam para sessões de leitura do livro *De amor e trevas*, então ele não se distanciou tanto assim, pois eu leio um capítulo, ou falo sobre ele. Às vezes ainda me convidam para sessões de leitura do livro *Entre amigos*. Mas se me perguntar, digamos, sobre *O monte do mau conselho*, não me lembro de quase nada. Lembro que se passa em Jerusalém, que é um livro sobre a infância, que é na época do Mandato britânico. Mais do que isso já não me lembro. Outras pessoas se lembram muito mais do que eu, e às vezes até fico constrangido, pois recebo uma carta de alguém que está fazendo uma pesquisa, ou talvez esteja escrevendo sobre meus livros, e ele me faz alguma pergunta, e eu lhe respondo: "A resposta está no livro". E ele volta a mim três semanas depois e diz: "Não, não tem resposta no livro, não está lá". Porque anos depois eu já não me lembro o que estava nos rascunhos e ficou de fora e o que entrou no livro. Não me lembro.

Para mim é muito, muito mais interessante ler livros de outras pessoas, mesmo que escrevam melhor do que eu, ou não tão bem como eu. Tenho um critério terrivelmente arbitrário e pelo visto também muito politicamente incorreto: se eu pegar um romance ou um conto, ler vinte páginas e disser "Isto eu também seria capaz de escrever", quer dizer que para mim o livro não é bom. Só se eu ler e disser "Isso nunca na vida eu seria capaz de escrever" é que para mim o livro é bom.

E isso acontece?
Sim, isso acontece.

Com escritores jovens também?
Sim. Quando eu digo "Isto eu também seria capaz de escrever" não estou dizendo que escreveria exatamente com a mesma linguagem, ou exatamente sobre o mesmo mundo, e sim que seria capaz de levantar aquele peso. Ou talvez o levantasse de modo totalmente diferente. Mas quando deparo com um livro que não pertence à minha liga, então ele não é da minha liga. E tem livros assim. Tem muitos livros assim. Tanto na literatura hebraica quanto na literatura mundial.

E com o passar dos anos fica mais fácil escrever? Tenho a impressão de que no seu caso a resposta é não.
Por quê?

Eu leio os seus livros e fico com essa impressão.
Sua impressão está correta. As pessoas pensam que se alguém escreve livros durante cinquenta anos, como eu, fica mais fácil com o tempo. Parece que isso é verdade em quase todas as profissões. Para um marceneiro, fazer sua trigésima mesa com certeza é mais fácil do que fazer a primeira, e para um cabeleireiro, ou cabeleireira, o vigésimo corte de cabelo será mais fácil de fazer que o primeiro. Talvez em pesquisas também a experiência acumulada ajude a abreviar processos; já se sabe onde buscar. No romance ou no conto não, por duas razões: uma, eu não quero escrever a mesma história duas vezes. Tem escritores que fazem isso. Principalmente quando têm sucesso com um livro, eles o

escrevem mais e mais uma vez. Quanto a mim, tenho a impressão de que não escrevi um mesmo livro duas vezes. Mas talvez seja só impressão minha. A segunda razão: escrever é como dirigir o tempo todo com um pé no acelerador e outro no freio. O pé no acelerador é feito de ingenuidade, de entusiasmo, da alegria da escrita. O pé no freio é feito de autoconsciência e autocrítica. Com os anos, quando se adquire mais consciência da escrita e de si mesmo, o pé no freio fica cada vez mais pesado e o pé no acelerador cada vez mais hesitante, e isso é muito ruim, é ruim para o motorista e não é saudável para o veículo. Tudo que você escreveu antes surge diante de você. O tempo não traz nem mesmo autoconfiança. É um pouco como aquilo que se diz a um detento na delegacia de polícia: "Tudo que você disser poderá ser usado contra você".

E também "Você tem o direito de ficar em silêncio".

Sim, e eu digo a mim mesmo: quem sabe você já escreveu o bastante, sente-se e leia. Há tantos belos livros para ler, e eu realmente já escrevi muitos. Mas a mão é atraída pela pena, e a pena pela mão. *Judas* me custou cinco anos, e não é um livro muito longo. Cinco anos, com grandes intervalos.

E isso se expressa também na relação entre os rascunhos e o livro? Isto é, com o passar do tempo mais páginas ficam de fora?

Sim. Escrevo muitos rascunhos. Quase sem parar.

Quer dizer, essa questão do pé no freio e o pé no acelerador também tem implicação quantitativa? É o que gostaria de saber.

Sim. Estou escrevendo mais rascunhos e jogando mais rascunhos fora. Em *Judas*, o capítulo 47 é o único que não se passa no século xx, e sim no dia da crucificação. E nem mesmo o dia inteiro da crucificação. Começa no momento da agonia de Jesus, que é na parte da tarde, segundo o Novo Testamento, até quando

Judas se enforca na figueira antes do início da festa de Pessach e do Shabat.* Isto é, isso acontece durante quatro ou cinco horas, algo assim. Escrevi esse capítulo muitas vezes. Me lembro de quando o escrevi e me saíram sessenta páginas. Eu disse: isso não pode ser, isso vai afundar o barco inteiro. Não é um romance histórico. Então me sentei e o escrevi novamente, e deu oitenta páginas. Escrevi mais e mais uma vez. Não copiei de um rascunho para outro, escrevia uma vez, jogava fora, escrevia de novo, jogava fora... acho que esse capítulo foi escrito entre doze e quinze vezes. Hoje ele tem dez páginas e meia, e acho que nele não há gordura. Mas é difícil. Se não me engano foi o Chaim Weizmann** quem escreveu para alguém dizendo: desculpe, meu caro, ter escrito uma carta tão longa, simplesmente não tenho tempo para escrever agora uma carta breve.

Ouvi esta história, mas atribuída a Churchill e George Bernard Shaw.

Todas as histórias espirituosas no mundo já foram alguma vez atribuídas a Bernard Shaw, ou Oscar Wilde, ou Mark Twain. Todas.

O que me faz lembrar que preciso te devolver o recorte de jornal que você me deu, a continuação não publicada de "Fernheim".

Ah, sim. Não é uma pena que a filha de Agnon,*** Emuna Yaron, tenha publicado isso?

---

* O dia judaico começa no anoitecer do dia anterior. Jesus foi crucificado numa sexta-feira, véspera do Shabat, o sábado judaico, e de um dia de Pessach, a Páscoa judaica.
** Chaim Azriel Weizmann (1874-1952), cientista, primeiro presidente do Estado de Israel.
*** Shmuel Agnon, escritor israelense nascido na Polônia, prêmio Nobel de literatura em 1966.

Por que pena? É interessante.

Está bem, é interessante para os pesquisadores, mas não acrescenta mérito para Agnon.

Para mim acrescenta mérito pelo fato de que ele escreveu e depois optou por descartar e não publicar. Isso é difícil.

Mas ele não quis que publicassem. Eu quase nunca guardo um manuscrito. Simplesmente não guardo. Guardei a versão final de alguns escritos à mão, como legado para os filhos. A versão final de um manuscrito, tudo bem, mas os rascunhos eu jogo fora. Coisas que comecei e de que não gostei, eu jogo fora. Essas continuações de "Fernheim" eu jogo fora o tempo todo, não deixo lembrança, porque não quero que outra pessoa pense que vai interessar aos pesquisadores e publique.

Esta é realmente uma questão interessante, a situação desses textos que o autor deixa para trás. Pois quem realmente não quer, pelo visto faz o que você faz. Descarta. O exemplo mais marcante disso foi Kafka, é claro.

Kafka, exatamente. Se quer que seja queimado, queime você mesmo. Max Brod sempre disse isso, e com razão. Você quis queimar, quem o impediu? Você tinha um fósforo, tinha um fogão. Por que deixar para eu fazer isso?

E você às vezes se arrepende das páginas que jogou fora?

Vamos supor, considerando algo recente, meu último romance, *Judas*. Nos rascunhos eu tinha muitas páginas sobre a infância desse Shmuel, que quase não aproveitei; não era necessário. Mas havia lá todo tipo de histórias, contando por que ele não gosta dos pais, apesar de eles serem muito dedicados a ele.

Eu sabia muita coisa sobre ele. Sobre os pais dele e sobre como ele traiu os pais, e como seus pais traíram um ao outro, e as pequenas traições que lhe fizeram em sua infância. Acho que te disse que, para mim, esse era o cerne da história, não o cristianismo, tampouco a questão de haver ou não um Estado, e sim a traição de Shmuel a seus pais. Para mim este é o motor de toda a história; ele adota para si, durante um inverno, outro pai e outra mãe. Trai os pais. Nos rascunhos havia muito mais, e pode ser, pensando melhor, que talvez eu tenha tirado demais, deveria ter deixado um pouco mais sobre a época de sua infância. Dele e da irmã dele. Para ressaltar mais a "mãe de todas as traições" neste romance de traidores. Pode ser; agora não sei mais. Não leio este livro já faz algum tempo. Mas, por outro lado, eu não queria que houvesse nenhuma gordura supérflua. Eu te contei que houve dois intervalos muito longos durante a escrita desse livro. Duas passagens na história em que eu disse: isso não é para mim, é grande demais para mim. Está além de minhas forças. No fim, é claro que fiz concessões.

Você se lembra de que passagens eram?

Sim, eu me lembro. Uma vez larguei o texto durante um ano e meio ou quase dois anos, quando Atalia convida Shmuel para sair com ela pela primeira vez. Simplesmente eu não sabia o que ia acontecer entre os dois. Sabia apenas o que de forma alguma poderia acontecer. De forma alguma. Olhei, perguntei a ela, perguntei a Shmuel, não sabia o que aconteceria com os dois juntos. Para onde iriam? O que ele ia dizer a ela? Como ia dizer? O que ela ia perguntar a ele? Tocariam um no outro? Como? Quando? O que posso fazer com eles? E se nada acontecer entre eles, como escrever isso? Talvez a coisa mais difícil de escrever seja uma cena em que um homem deseja e uma mulher é desejada, ou até mesmo em que um homem e uma mulher se desejam, mas nada acontece entre eles. *Nada.* Entendi que eu não seria capaz de escrever isso. Não os estava enxergando. Como se os dois estivessem juntos no quarto, mas apagaram a luz e pronto. Não estou enxergando nada.

Quantos dias você fica diante disso até resolver "bem, vou abandonar"?

Muitos. Muitos. Ou fico sentado durante uma hora, duas horas, sem fazer nada. Olhando para a janela. Rabiscando no papel. Ou escrevo meia página de rascunho e rasgo, pois sei que não está legal, não está funcionando. Mas eu escrevo muitos rascunhos como esse antes de dizer: acabou, isso não é para mim. Eu luto, não desisto imediatamente. Isto é, às vezes eu desisto de algum rascunho, de alguma ideia, mas não desisto da coisa em si — não tão depressa. Sobre a outra passagem eu já te falei.

O capítulo sobre a crucificação. É difícil escrever uma cena que já teve tantos tratamentos e tantas interpretações na literatura, aliás em todos os campos da arte.

Quando escrevi isso eu tive um sentimento: como é possível? Quem sou eu afinal? Pois descrever a crucificação é como... como um pintor a quem dizem: vai, pinta um vaso com flores — como é possível? Todos os grandes pintores já pintaram um vaso com flores. Ou um pôr do sol. Na arte há um sem-fim de crucificações, milhares de representações, e há livros, e romances, e muitos filmes, e, é claro, antes de tudo tem as pungentes descrições no Novo Testamento. E as Paixões de Bach. E as esculturas. E tem Bulgakov. E Saramago. É de enlouquecer. Só depois que terminei o livro fui conferir Saramago, em *O Evangelho segundo Jesus Cristo*, no qual a crucificação está logo no início e em mais uma página bem no fim do livro, e examinei o que ele fez ali. E não me envergonho da minha. Eu não atribuo notas, mas não me envergonho da crucificação que descrevo no capítulo 47.

Então quando foi que você fez o longo intervalo na escrita? Após essas duas longas versões da cena da crucificação? Entre as duas?

Não, foi entre as duas. Comecei, vi que não estava funcionando, larguei. E no segundo intervalo escrevi todas as histórias de *Entre amigos* e participei, junto com minha filha Fania, a professora Fania Oz-Salzberger, da escrita do livro de ensaios *Os judeus e as palavras*. Demorou um ano e meio até eu voltar para *Judas*.

E quando você voltou, ficou mais fácil?
Quando voltei, compreendi que tinha de fazer concessões. Que não ia ser como eu queria que fosse.

Como editora, a questão da concessão na escrita me interessa muito. Quando a resposta é: "preciso continuar e trabalhar, perseverar, pois em algum lugar se esconde uma solução melhor", e quando a resposta é: "preciso parar com isso, fazer concessões e seguir em frente". Para o bem do livro, ou até mesmo para o bem do autor.
Vou te dar mais um exemplo de uma passagem na narrativa em que fiz concessões em *Judas*, uma muito difícil, no fim, quando Shmuel se prepara para ir à biblioteca para se despedir de Wald, e de repente Wald vai até ele. Shmuel ainda está no quarto de Abravanel, ainda está mancando um pouco. Wald vai até ele de muletas. É um trecho curto, menos de meia página, quando no fim Wald lhe dá um beijo na testa. Eis aí, isso é uma concessão. Eu não queria que se despedissem assim. Eu queria algo mais forte que isso. Tentei durante muito tempo, muitas vezes. Escrevi mais uma vez, e mais uma vez. Na maioria das vezes os rascunhos eram mais longos do que o que está no livro, mas não melhores. É uma coisa que Dostoiévski faria muito melhor do que eu, essa despedida. Tchékhov também. Muito melhor do que eu. Por exemplo, eu queria muito que também houvesse nessa cena algo um pouco cômico. Mas fiz uma concessão.

Isso me faz lembrar de uma coisa que William Faulkner disse: como nenhum dos livros que ele escreveu está à altura dos padrões dele, ele os julga perguntando qual deles lhe causou mais sofrimento. Como a mãe que gosta mais do filho que virou criminoso do que do filho que se tornou padre. O que você diz é fascinante, pois eu leio os seus livros, e essa é uma cena encantadora — a despedida de Shmuel e Wald. Não tenho acesso a essas versões fantasiosas.

Sabe, Shira, em todo livro há pelo menos três livros: o livro que você leu, o livro que eu escrevi, que tem de ser diferente do livro que você leu, e também um terceiro livro: o livro que eu escreveria se tivesse força o suficiente. Asas o suficiente. Esse livro, o terceiro, é o melhor dos três. Mas no mundo inteiro não há ninguém além de mim que conhece este terceiro livro e não há ninguém além de mim que está de luto por ele. Considerando tudo, parece que ficou boa essa cena da despedida de Shmuel e Wald, não me envergonho dela, mas se houvesse ali algo um pouquinho humorístico, ela seria ainda melhor. Não sei, talvez haja no mundo escritores, artistas, que nunca fazem concessões. Não sei, por exemplo, se Bach fez ou não concessões. Se a música que tinha na cabeça era a música que compunha. Você já esteve em Leipzig?

Não.

Uma vez eu tive um sarau em Leipzig, e no dia seguinte tinha um voo às nove da manhã, talvez para Frankfurt, já não me lembro, para o sarau seguinte. Então acordei muito cedo e fui às seis e meia até a igreja de são Tomás. No lado de fora, em frente à igreja, há uma estátua de Bach em bronze, eu acho, e ele está de casaco, à moda do século XVII, e sob o casaco tem uma espécie de colete, e um botão não está fechado. E eu gostei muito disso, que o escultor tenha feito um botão desabotoado.

No meio?

Sim, no meio. Aqui. Como que por desleixo. E não sei se foi mesmo isso, e nunca saberemos. Mas eu gostei. Depois entrei na igreja, e lá está o órgão no qual Bach escrevia, compunha, e uma coisa imediatamente me impactou: como fazia frio lá. A igreja não era aquecida, e na época de Bach com certeza não havia aquecimento. E é um espaço gigantesco, que mais parece o interior de uma geladeira. E o homem ficava lá horas e horas e compôs música celestial. Como? Em casa não poderia compor. Nasceram-lhe vinte filhos das duas mulheres que teve. Nem todos sobreviveram até a idade adulta, mas havia muitos filhos na casa, e a maioria ainda eram pequeninos. Ele ia compor música na igreja, durante horas e horas. Como?

Para quem está tentando trabalhar, é preferível o frio na igreja a uma porção de crianças pequenas em casa. Estou bem certa disso.

Eu não sei. Ele precisava de um órgão; não creio que tivesse um órgão em casa. Fiquei lá uns quinze minutos e já não sentia os dedos dos pés e das mãos de tanto frio. Claro que não é assim o ano inteiro. Pode ser que nos dias muito, muito frios ele ficasse na cama e não saísse para compor. Mas mesmo assim ele ia para lá nas horas em que não havia fiéis rezando. Você conhece a pequena crônica de Anna Magdalena? A segunda mulher de Bach, Anna Magdalena, escreveu uma espécie de diário, que foi conservado, sobre a sua vida com Bach. Tem em hebraico. É um livrinho muito tocante. Se ler esse livro vai acabar gostando muito, e se não era feminista antes, no fim do livro você será feminista, não tem como escapar. Tenho de mostrar a você o poema que Pinchas Sadeh escreveu, chamado "À margem da pequena crônica de Anna Magdalena". Vou ler para você, é curto.

*Minha senhora, era uma viúva de cinquenta e sete anos
mantida pela assistência social
quando em sua caligrafia fina e limpa começou a escrever
a pequena crônica sobre seu falecido marido*

o senhor chantre da igreja de são Tomás
e quando alguém lhe disse que já fora esquecido
o nome do falecido e que suas composições não seriam
[lembradas
você disse consigo mesma que só e unicamente Deus sabe
se assim será, ou não
muito respeitável senhora, um homem de uma geração distante
após mais de duzentos anos, está em seu quarto
à meia-noite de um verão ouvindo o coral "Enfeite-se,
[querida alma"
e lhe quer dizer que o nome de seu marido o falecido senhor
[chantre
é agora exaltado de onde nasce o sol até onde ele se põe
e que boa esposa foi em sua vida
minha cara senhora, eu lhe beijo a mão.[3]

Isso não é exatamente feminista.

Nem um pouco. Pelo contrário. A crônica tampouco é feminista. Mas a crônica e este poema, ambos quase exigem deste leitor, isto é, de mim, que ele seja feminista. Porque o poeta se dá ao trabalho de reconhecer para a sra. Bach somente a grandeza de seu marido e a disposição dela para ser sua escudeira. E porque o modo como Anna Magdalena se diminui em sua crônica também é uma chocante interiorização de uma antiga injustiça social. Como chegamos a falar sobre isso? Ah, estávamos dizendo como fazia frio na igreja de são Tomás, e dissemos que pode ser que existam no mundo artistas para os quais as coisas saem como querem, que não fazem concessões. Pensei em Bach, talvez ele não fizesse concessões. Que sei eu? Mas no meu caso, sei que sem fazer concessões não é possível terminar nenhum trabalho. Nenhum trabalho. E você também sabe disso.

Sem dúvida alguma.

Mas isso vale para tudo. Tem gente que pensa que concessão é palavrão. Principalmente jovens idealistas entusiasmados pensam que concessão é uma espécie de fraude, falta de integridade, oportunismo. Não para mim. Para mim a palavra concessão é sinônimo de vida. E o contrário de concessão é fanatismo e morte.

Na literatura também. Não apenas na política.

Em tudo. Em tudo. Não me interprete mal. Quando digo concessão não estou dizendo: ofereça a outra face. Não estou dizendo que se anule a si mesma. Que se anule em prol de seu parceiro, ou de seu filho, ou de seus pais, ou de seus vizinhos. Estou dizendo: tente tatear o caminho, talvez chegue a alguma coisa a um terço do caminho, ou dois terços, ou a meio caminho. E é assim também no trabalho: então não saiu como você queria? Tente chegar ao melhor acordo possível, regatear o máximo. Talvez como Eshkol fazia.* Você sabe o que ele disse uma vez sobre concessão, o Eshkol? Ele tinha uma frase excelente. Mais ou menos assim: todos riem de mim por eu ser alguém que faz concessões, e realmente sou alguém que faz concessões. Se não me dão tudo que quero, faço uma concessão. E se não for suficiente, faço mais uma concessão, e se isso tampouco for suficiente, faço uma terceira concessão, até conseguir aquilo que queria.

Excelente. Sobretudo no caso dos rascunhos.

Eu também compreendo ao que ele se referia. Acho que compreendo. Quando entrava numa negociação ele estabelecia um preço muito mais alto do que aquele que de fato esperava conseguir. E então ele fazia concessões e mais concessões, até che-

---

* Levi Eshkol (1895-1969), primeiro-ministro de Israel de 1963 até sua morte.

gar mais ou menos ao que queria. Acho que era a isso que se referia, mas não sei.

Gosto de um artigo de Assaf Inbari, intitulado "Abençoar o terminado", no qual ele escreve que terminar uma obra e se despedir dela é a decisão criativa mais importante, e a mais difícil — por causa da concessão de que falamos, por causa do desejo de continuar e aprimorar até o infinito.[4] Quando é que você sabe que terminou de escrever um livro?

Quando já não consigo mais olhar para ele. E entrego os originais para um editor ou uma editora. Então é claro que sei que isso não é a melhor coisa que escrevi em minha vida. Começo a ficar de luto pelo terceiro livro, o livro que não consegui escrever, o filho que não nasceu. Mas sinto no mesmo instante que era a melhor coisa que eu poderia ter escrito naquele momento. É uma espécie de mantra, assim: "É o melhor que eu pude fazer neste momento. Já fiz coisas melhores antes; no futuro, quem sabe; mas agora é o melhor que pude fazer". Não é um álibi, eu sei, não dá para eu dizer isso para a polícia, ou para a crítica, mas me acalma. "Mais do que isso não sou capaz de fazer agora."

Quando estou escrevendo, bem no fundo do coração sei que não vai sair do jeito que enxergo e ouço. Isso eu já sei por antecipação. Talvez por experiência. Não pode sair exatamente, exatamente como queríamos que saísse. Mas o que é que sai exatamente como queríamos que saísse? A gente viaja pela primeira vez para o exterior. Que emoção, que tempestade n'alma, que tensão, a gente não dorme a noite inteira, e se a gente não acordar, e se o despertador não tocar, e depois a gente volta e sabe que foi bonito e cheio de vivências, e rico, mas não foi nenhuma epifania.

Principalmente porque levamos a nós mesmos também para lá.

Sim, você disse uma coisa maravilhosa. Precisamente. Também porque levamos a nós mesmos, mas também porque o que tínhamos em mente, como sempre, era um pouco mais. Porque nos tinham contado, porque lemos, porque sonhamos, porque assim esperávamos, o que tínhamos em mente era um pouco mais.

Para mim as duas coisas estão conectadas.
Sim, você tem razão.

Existem âmbitos em sua vida, ou áreas em sua vida, em que você não faz concessões? Em que você não acredita em concessão?
Sim. Existem algumas coisas assim, mas não tenho certeza de que quero dizê-las para um gravador. Posso te dizer, por exemplo, que nunca em minha vida, nem uma só vez, recebi de nenhum editor um adiantamento por algum livro. Nem mesmo quando saímos de Hulda sem um tostão, e tanto eu como minha mulher já estávamos com 47 anos. Não tínhamos nada, e de repente a editora Am Oved propôs me dar um adiantamento pelo livro seguinte, e eu recusei. Porque um adiantamento necessariamente me condiciona a uma data. Por exemplo, eis aí uma coisa em relação à qual nunca fiz concessão. Me amedronta muito ter uma data em que você tem de terminar. Isso me paralisa. Quando eu estudava na universidade era terrível, essa pressão, se não concluir os trabalhos até amanhã, até depois de amanhã. Os trabalhos na universidade foram a última vez que trabalhei com uma data-limite, que é como um telhado que está para desabar em cima de sua cabeça e já começam a cair dele pedaços de cal e blocos de gesso.

Você me disse que há livros ou histórias que você começa e abandona. É porque eles não conseguem chegar perto desse terceiro livro que você mencionou? Ou você simplesmente não gosta deles? Por tudo quanto é motivo?
É o seguinte, Shira, todos os anos eu tenho trabalhado duro. Houve tempo em que trabalhava muitas horas por dia, agora ape-

nas três, quatro horas pela manhã, mas trabalho todos os dias. Isto é, não escrevo livros em surtos de inspiração, como se de repente a musa baixasse em mim e eu me sentasse para escrever um livro, e depois de alguns anos a musa tivesse desaparecido e eu fosse correndo consultar um psiquiatra para lhe dizer que tenho um bloqueio e não consigo escrever. Isso não aconteceu comigo. Nem psiquiatra nem bloqueio. Não sei o que é isso. Eu sempre escrevo. Mas durante as dezenas de anos em que escrevo tive muito mais apagões e abortos do que partos. Quando é que isso acontece? Quando é que eu percebo um sinal de que tenho de jogar aquilo fora? É quando eu fico escrevendo e escrevendo e escrevendo e as páginas vão se acumulando e os personagens fazem o tempo todo tudo que eu quero. Quer dizer, o bebê não está começando a me dar chutes dentro da barriga. Eu então compreendo que ele não está vivo. Quando tudo está me saindo muito fácil — como massinha de modelar — entre, saia, sentem, vão para a cama, transem — é sinal de que não está legal. Quando é que está legal? Quando é que o feto está vivo? É quando eles começam a se opor a mim. Quando eu estava escrevendo *Meu Michel* e Hana me arrastou para uma cena que não combinava com a personagem, eu disse a ela: sinto muito, não vou escrever isso, não é do seu caráter; ela então me diz, no meio da escrita: você cale a boca e escreva. Você não vai me dizer o que é e o que não é de meu caráter. Eu digo a ela, não, me perdoe, mas você é que é minha heroína, não sou eu que sou seu herói, você trabalha comigo, eu não trabalho com você. E ela diz: deixe-me em paz. Não se apodere de mim. Deixe-me viver e não perturbe. Eu decido quem sou e o que faço ou não faço. E eu lhe respondo: sinto muito, isso eu não vou escrever, e se não lhe agrada — procure outro autor, não me dê ordens. Este livro é meu, não seu. E assim essa Hana fica teimando e eu também fico teimando, e aí eu sei que a história está viva. Mas se estou escrevendo há um mês, dois meses — uma vez foi até mais do que isso —, e os personagens estão obedientes de mais, eu compreendo que o bebê não está vivo. Que é preciso descartar tudo. Que é preciso entrar numa nova gravidez.

Você já arquivou algo em que tivesse trabalhado por anos?
Sim, por dois anos.

Oi vavoi.
Não arquivei, destruí. Eu não arquivo. Eu rasgo em pedacinhos pequenos, jogo na privada, puxo a descarga. Porque não posso começar um incêndio em casa. E tenho medo de jogar na lata de lixo, talvez voem páginas, alguém vai encontrar, e eu não quero.

Quando foi isso?
Entre um acidente automobilístico que sofri em 1976 e *Uma certa paz*, que foi publicado em 1982 ou 83. Entre um e outro houve uma coisa na qual trabalhei dois anos e não saiu nada. Em vez disso escrevi uma pequena história infantil, *Sumchi*.

Mas você acha que hoje isso poderia acontecer com você? Trabalhar dois anos em algo e então desistir? Ou você ia identificar o problema antes?
Acho que ia identificar o problema antes. Não ia trabalhar dois anos. Hoje sou mais avarento com o tempo. Não sei quanto tempo me resta, é impossível saber. Não sei se o que vou te dizer agora está correto, mas assim me parece agora: sabe esses desenhos animados, Mickey Mouse, ou Tom e Jerry, em que o gato vai andando, andando, andando, chega a um abismo e continua a andar, e só depois de um tempo ele cai, porque no início ele simplesmente não percebia que estava em cima de um abismo? Quando comecei a escrever eu era como esse gato, simplesmente

não sabia o que estava fazendo, onde é que estava entrando. Hoje tenho muito menos coragem do que tinha quando escrevi minhas primeiras histórias. Nem mesmo *Meu Michel* — não sei se hoje ousaria escrever esse livro.

E o que você tem no lugar da coragem?
Paciência.

2. Às vezes

Falemos sobre mulheres e homens. O mundo mudou muito no decorrer de sua vida, no que diz respeito aos relacionamentos e ao jogo de forças entre mulheres e homens. Nos anos recentes parece que essa mudança se acelerou e se extremou.

Quando eu era garoto, as mulheres se calavam quando os homens falavam. Aqui e ali as mulheres às vezes diziam uma palavra. Não mais do que isso. As mulheres serviam chá, cuidavam que houvesse biscoitos suficientes em cima da mesa, e frutas suficientes sobre a mesa. Na casa de tio Iossef, tia Tsipora quase nunca se sentava à mesa, estava sempre com um avental branco, pequeno, de pé atrás da cadeira dele, numa diagonal, e ficava verificando se faltava algo a alguém. Se tio Iossef lhe pedisse, ela ia buscar um livro ou um documento da mesa de trabalho dele, no quarto ao lado. Em nossa casa, minha mãe se sentava. Às vezes falava: pouco, duas ou três frases. As outras mulheres não falavam. Se havia alguma que falava, isso era mal recebido: por que ela fala tanto? Por que perturba? Por que se intromete? A menos que estivessem falando sobre educação de crianças, aí sim. Sobre doenças, aí sim. Pois elas entendiam disso mais do que os homens. Não só das doenças delas, também das doenças dos filhos. Sobre isso as mulheres falavam. Mas quando se falava, por exemplo, sobre Nietzsche, ou se falava, por exemplo, sobre o Livro Branco* e sobre o mandato britânico, estava claro que as mulheres podiam expressar sua concordância com algum dos participantes, geralmente com seu cônjuge, e até podiam às vezes fazer uma pergunta, mas não mais do que isso. E não apenas em minha casa, era a mesma coisa em lugares de que me lembro: em Jerusalém, nas casas de nossos conhecidos em Tel Aviv, em toda parte.

E quando você chegou no kibutz?

Em Hulda era totalmente diferente, em Hulda as mulheres falavam nas reuniões, e às vezes de maneira muito assertiva.

E isso surpreendeu você, quando chegou lá ainda rapaz?

À primeira vista isso me encantou. As garotas em minha classe falavam, e também quando estávamos sentados na grama as garotas falavam, e como. Mas depois eu vi que não era legal. Toda a história não era legal. Toda essa igualdade entre os gêneros no kibutz estava totalmente torta. Na verdade, na "libertação da mulher" que houve nos kibutzim há oitenta anos, era como se estivessem dizendo às mulheres: "Se você se vestir como um homem e se comportar como um homem e fazer trabalhos de homem, nós receberemos você também como um de nós e você terá os mesmos direitos". Mas isto quer dizer: nem batom, nem meias de nylon, nem cosméticos, nada de sinais de sensualidade. Se você abrir mão de tudo que no mundo exterior é considerado "feminino", ou "sensual" — em suma, se você virar homem —, será recebida com igualdade de direitos. Exatamente como um judeu da Polônia que

---

* Decreto do poder mandatário inglês na Palestina, em 1939, que limitava a imigração judaica para o país.

foi para a Alemanha cem anos atrás e lhe disseram: livre-se de seu sotaque, vista-se como nós, comporte-se como um alemão, asse-melhe-se a um alemão. Então talvez o recebamos como um de nós. No kibutz exigiam das mulheres que abandonassem todos os clichês da feminilidade. Estou usando a palavra "clichês" porque para mim eles não são necessariamente componentes de femini-lidade. As coisas que exigiram que elas abandonassem não são coisas que eu, em meu mundo interior, considero feminilidades. Uma parte, sim. Uma parte, não. Mas estes eram então, e em certa medida hoje também, os clichês da feminilidade: batom, meias de nylon, joias. Mas ao mesmo tempo os homens no kibutz nem so-nhavam em abrir mão de nem um só dos clichês da masculinida-de. Por exemplo, quem queria deixar crescer o bigode deixava crescer o bigode, e não passava pela cabeça de ninguém dizer: "Aqui entre nós é proibido ter bigode". Para ser justo com esses homens acrescento que se por acaso alguma mulher tivesse um pouco de bigode, não lhe diziam nada. Ficavam calados. O que aconteceu então foi que as mulheres se vestiam como homens, com roupas de trabalho azuis, calças largas e blusas da Ata abo-toadas na frente, e calçavam sapatos pesados como os homens, e então eles estavam dispostos a aceitá-las até mesmo na *mazkirut*,* nas reuniões, nas comissões, em tudo. Mas às vezes, entre eles mesmos, em conversas só de homens, ouvi reclamações de que as mulheres não eram femininas o bastante nem sensuais o bastante. Nunca ouvi um homem dizer isso a uma mulher.

Havia uma mulher em Hulda, muito próxima a mim, idosa, das fundadoras, que no fim da vida, quando já estava bastante

---

* Literalmente, "secretaria". Trata-se do órgão que reúne os responsáveis pelos vários setores do kibutz (produção e economia, questões sociais, educação, cultura etc.), eleitos pela assembleia para exercer o cargo por determinado pe-ríodo de tempo. O *mazkir*, ou "secretário", é na verdade o centralizador desse órgão, o representante do kibutz e o condutor das assembleias.

doente, me disse: "Se eu precisasse viver minha vida novamente, eu abriria mão das comissões e das reuniões e dos cargos públicos, e teria um piano em casa e convidaria pessoas e faria em casa saraus em que tocaria, cozinharia, pintaria e receberia pessoas". E eu lhe disse: "Diga, por que você acha que é impossível ter as duas coisas?". Ela não respondeu. Em vez de responder ela de repente irrompeu num choro terrível. Não lhe ocorrera uma única vez que não era uma questão de ou isso ou aquilo. Nunca esquecerei esse choro dela. Nunca. Mas também isso começa a mudar no mundo de hoje, em todos os lugares. Não mudou o bastante, mas está mudando.

Quando eu olhava para meus vizinhos em Arad, ou também meus vizinhos em Tel Aviv, casais jovens, dezenas de anos mais jovens que eu e que Nili, percebia que já era um pouco diferente. Por exemplo, vi pais trocando as fraldas de bebês. Pelo visto eu era o único homem em Hulda para quem trocar as fraldas dos filhos era parte da rotina. E não estou falando de 1 milhão de anos atrás, estou falando de cinquenta anos atrás. O único em Hulda que não tinha vergonha de ficar pendurando roupa lavada. Nós levávamos em sacos a roupa molhada que tinha sido lavada na lavanderia do kibutz e a pendurávamos para secar. Outros homens faziam isso às vezes, mas só se a mulher estivesse doente ou tivesse viajado para um seminário. Pois era permitido às mulheres viajar para seminários. Mas e quando a mulher está em casa? Que história é essa? Por que não iria ela mesma pendurar a roupa? Os homens consertavam o que estivesse quebrado em casa. Precisava trocar uma lâmpada, os homens trocavam a lâmpada. Justamente uma coisa que eu não sabia fazer muito bem. Isso com certeza não mudou em Bnei Brak e em Mea Shearim.* Ou talvez tenha mudado sem eu saber. Talvez esteja mudando lá também,

---

* Bairros (na região de Tel Aviv e em Jerusalém) habitados, respectivamente, por judeus religiosos e ultrarreligiosos.

debaixo do radar. Mas isso leva a coisas dolorosas. Por exemplo, à libertação de ondas massivas de cólera para com o sexo masculino. Talvez seja uma cólera que se acumulou durante gerações. Cólera e afronta. Às vezes a cólera e a afronta são canalizadas para um ímpeto ideológico missionário, aqui e ali até mesmo para um ímpeto de fanatismo, aqui e ali até mesmo para algo que cheira à alegria da vingança. Simone de Beauvoir e outros e outras alegaram que não há nenhuma diferença em nenhum aspecto entre homens e mulheres. Ou que é preciso anular, apagar, raspar toda diferença que houve entre um homem e uma mulher. E aqui eu paro, não posso seguir com isso até o fim, pois em minha modesta opinião há, sim, diferença.

Há vertentes feministas que, ao contrário, ressaltam a diferença que existe entre homens e mulheres, mas veem nisso uma fonte de fortaleza, e não uma inferioridade.

Assim como meu avô, eu não sei, não sou capaz de definir. Mas ela existe. Sei que existe. Sei por experiência de vida. Sei disso como cônjuge, sei disso como pai de meninas, sei disso como amante, sei que existe diferença. Eu sei, e também escrevi sobre isso aqui e ali em *De amor e trevas*. Sei, por exemplo, que a sexualidade da mulher — em geral, e isto agora é uma generalização, e a generalização é sempre injusta —, a sexualidade da mulher é para mim muito mais rica e mais complexa do que a do homem. A diferença entre a sexualidade do homem e a da mulher é, talvez, mais ou menos como a que existe entre um tambor e um violino. A meus olhos, que são muito subjetivos, a sexualidade da mulher leva vantagem do ponto de vista da delicadeza e da sofisticação: é mais fácil satisfazer um homem do que satisfazer uma mulher. Assim é. Como posso saber disso se nunca fui mulher? Eu observo. E talvez haja também campos sensíveis e campos vulneráveis um pouco diferentes entre homens e mulheres. Mas jamais direi que as mulheres são mais vulneráveis que os homens.

Isso não é verdade.

Não. Absolutamente. Mas me parece que os campos de vulnerabilidade são um pouco diferentes. Em que são diferentes? Não tenho certeza. Talvez você saiba melhor do que eu. Mas esta é, por exemplo, uma das diferenças. Tudo que eu disse agora é com muitas ressalvas. Pois isso que eu disse agora não se aplica a milhões de mulheres, e há milhões de homens para os quais isso não se aplica, e há no mundo milhões de pessoas cuja identidade não é masculina nem feminina.

Penso que quando a poeira da militância, da raiva que se acumulou durante muitas gerações, a poeira da embriaguez da libertação, talvez até mesmo um pouco da paixão da vingança — quando essa poeira assentar, tanto as mulheres quanto os homens talvez possam se olhar com mais nitidez do que se olham hoje. Eu já não verei isso, mas espero que meus filhos e netos, sim. Não é que não vai ser complicado. Sempre será complicado, mesmo dentro de mil anos será complicado. Assim é que é. Talvez eu até sinta um pouco de alegria por ser complicado.

Com certeza essa complicação garante o seu ganha-pão. Isto é, em grande medida você escreve sobre ela, sobre essa complicação.

Isso não é só um ganha-pão. Isso enriquece minha vida. E espero que enriqueça também a vida de meus netos e bisnetos, que a vida deles também seja cheia de curiosidade em todos os aspectos, inclusive em relação a todas as nuances da sexualidade humana. E talvez já esteja começando a ficar claro que também é possível acabar com essa injustiça e estabelecer uma justiça erótica sem desfazer num ataque de raiva a própria existência das diferenças entre os gêneros. Talvez dentro de alguns anos reine uma relativa tranquilidade que permita a todos nós aceitar a ideia de que pode haver justiça entre os gêneros, e igualdade entre os gêneros, e respeito mútuo, mesmo sem que se elimine completamente toda diferença. E não só aceitar essa ideia, mas até mesmo se alegrar com ela. Quando Simone de Beauvoir nos ensinou que a feminilidade é constructo social, programação computacional, lavagem cerebral, ela estava plena de razão em certo nível. Um nível vital, de privação, discriminação e injustiça. Mas não tinha razão em outro nível. É o que eu acho. Acho que feminilidade não é só constructo, e masculinidade não é só constructo. O pai de Hana Gonen em *Meu Michel* falava às vezes como se "a existência em si mesma de dois sexos diferentes fosse uma tragédia que todos nós devemos tentar amenizar". Mas para mim, masculinidade, feminilidade e todo o restante desse espectro fascinante não são necessariamente tragédias. Podem ser uma dádiva.

Você fez um relato da divisão absoluta de tarefas entre homens e mulheres nos seus anos de infância. Mas o modelo que você tinha em sua casa não era exatamente assim. Em De amor e trevas *você escreveu que sua mãe não só se reunia com os homens, mas também, como você descreve tão lindamente, embora ela não falasse muito, de vez em quando dizia uma frase que era capaz de desviar totalmente o rumo de uma conversa.*

Porque ela era profunda, e também uma pessoa muito sugestiva. Os homens tinham reações fortes a quase tudo o que ela dizia. Ela tinha esse poder. Isso é raro. Eu deparei em minha vida com um poder parecido em três ou quatro homens e mulheres, não mais do que isso. Ela tinha infinitamente mais o que dizer do que a maioria das pessoas que estavam no recinto com ela, homens e mulheres, mas falava pouco. Em parte por não querer falar muito — ela não gostava de falar, a não ser um pouco, e sempre concisamente — e em parte porque essas eram as regras, ou assim era o mundo? Eu não sei. E ela também tinha o poder de fazer com que os homens quisessem com todas as forças, realmente com todas as forças, satisfazê-la, deixá-la satisfeita na presença deles. Como exatamente ela fazia isso, eu não sei.

Você cresceu num mundo limitado e fechado no aspecto erótico.

Cresci num mundo sem mulheres. A mulher que me deu à luz, que eu amava tanto, que nos deixou quando eu tinha doze anos e meio, na verdade já estava se afastando muito antes de se matar. O que ela deixou para mim no tocante a mulheres foi talvez um sentimento nebuloso e confuso de que mulher é uma coisa quebradiça e vulnerável, algo no qual se tem de tocar com mais cuidado do que num objeto de vidro, e de que a mulher é algo feito de sonhos, de saudades, de sensibilidade e de dor. É uma herança muito ruim. Não é o modo certo de um jovem tomar conhecimento do mundo feminino. Mas quando eu era menino, e também quando já era rapaz, não sabia que esse modo não era bom. Como se em cada mulher estivesse colada uma etiqueta invisível: "Cuidado, frágil". Não tive irmãs, era filho único. Meus primos eram todos homens, e além disso ainda me mandaram para uma escola religiosa para meninos, a Tachkemoni, que era um pouco do tipo desses infernos católicos descritos por James Joyce em *Retrato do artista quando jovem* e *Dublinenses*. Todos os dias de minha infância eu sabia sobre garotas muito menos do que sabia sobre índios, por exemplo.

Isso é engraçado.

Engraçado para você. Para mim não foi nada engraçado. Sobre índios eu não parava de ler e vi em muitos filmes. Tinha Fenimore Cooper, tinha Mayne Reid, tinha os filmes de faroeste. Eu sabia o que era. Havia lá absurdos racistas, mas eu tinha a impressão de que sabia. Sobre garotas — nem esta coisa pouca e falsificada eu sabia. Não sabia nada. Não havia o que ler. E o que havia para ler, talvez tenha sido sorte eu não ter lido. Quando comecei, com doze anos mais ou menos, a ler escondido revistas que eu tinha de meter debaixo do colchão, tomara não as tivesse lido. Não só não me ajudaram a acabar com a ignorância, elas duplicaram a ignorância e os preconceitos. O que eu poderia aprender sobre garotas naquelas revistas obscenas era mais ou menos equivalente ao que se pode aprender sobre judeus nos livros didáticos do Hamas. Essas revistas eram escritas a partir de uma mistura de misoginia, de desdém e zombaria e de objetificação. E tinha mais: a escola Tachkemoni funcionava num prédio antigo de pedra que datava da época dos turcos. As paredes tinham dois metros de espessura. Isso foi bom durante o cerco dos árabes a Jerusalém na Guerra da Independência, e também era fresco no verão. Mas todo esse prédio pesado, esses dois metros de paredes, todo dia, dia após dia, sem interrupção, tudo lá estremecia de tantos hormônios. Trezentos, quatrocentos meninos na puberdade, vinte professores, e em todo o prédio, em todo o complexo, uma mulher apenas, uma heroína, a enfermeira da escola, sobre a qual já contei em *De amor e trevas*, e não vou voltar ao assunto. Nos recreios íamos trepar nos muros da escola Lemel para meninas, em frente ao cinema Edison, para ver como viviam os alienígenas, o que tinha lá? E quando descobrimos, ficamos espantados de ver que lá também havia um bebedouro no pátio, exatamente como em nossa escola, e lá também se brincava no recreio de esconde-esconde e de pega-pega, exatamente como em nossa escola. Era espantoso, quase inacreditável: naquele planeta também havia criaturas vivas, e talvez até mesmo criaturas racionais.

E então veio a caneta esferográfica. Aquela caneta esferográfica, quero te contar, foi o primeiro capítulo da minha educação sexual: a parte de cima da caneta esferográfica era transparente.

Acho que foram marinheiros que trouxeram isso de contrabando para o país. Vendiam por uma lira. E havia um garoto, não vou dizer o nome porque ele ainda está vivo, havia um garoto que comprou uma dessas canetas e alugava para os outros garotos cobrando um *mil* por minuto; um *mil* era um milésimo da lira. A lira ele recuperou dez vezes em duas ou três semanas, porque a gente fazia fila. Nessa caneta, segurando ela deste jeito, você via uma garota loura e bonita com busto grande, vestida numa roupa de tênis curtinha e com uma raquete na mão. Mas virando a caneta assim, você via a mesma garota toda nua. Sem nenhuma roupa. E a gente ficava na fila, e a desesperada ereção começava muito antes de chegar nossa vez de receber a caneta por um minuto. E esse foi o início de minha educação sexual, essa caneta.

Além disso, eu também tive um enorme problema com a caneta, um problema mecânico, pois a mulher da caneta tinha seios grandes e mamilos encantadores. Ainda não existia essa repugnante palavra hebraica, *tsitsi*. Você via aqueles seios grandes, mamilos encantadores, e também um triângulo escuro, mas não se via a fenda. E eu fiquei me torturando, pois eu me dizia: ou aquilo que explicaram na aula da enfermeira da escola não está certo ou este desenho está errado. Algo não está funcionando. Você não faz ideia do quanto essa pergunta perseguiu este pequeno Arquimedes, que não estava compreendendo a engenharia daquilo. Algo estava errado na engenharia. Algo que para mim não ficou resolvido durante muito tempo.

Agora vou te dizer uma coisa dura. Não só eu, todos nós, todos os meninos na Tachkemoni estávamos cheios de ódio, sentimento de afronta e de amargura em relação ao sexo feminino. Por quê? Porque as garotas têm uma coisa, sabíamos que as garotas tinham uma coisa que nós tanto queríamos ver e elas nunca nos mostravam. Que importaria a elas? Por quê? Sovinas, não têm comiseração, não têm coração. Eu tinha tanta, tanta inveja delas. Uma garota pode ficar diante de um espelho, ficar olhando quanto quiser, não precisa pagar um *mil* pela caneta esferográfica, simplesmente pode ver todos esses encantos na hora que lhe aprouver, o tempo que quiser. Mas não está disposta a dividir conosco. Se elas apenas abrissem para nós os portões do paraíso, nos deixariam felizes para sempre, assim parecia no cinema Edison. Nos filmes não se via elas fazerem isso, mas ficava insinuado, no fim de cada filme, que quando elas enfim abrem os portões do paraíso, começa a felicidade eterna. Por que são tão avarentas? Por que são egoístas? Nós as odiávamos. Talvez fosse um pouco como o ódio dos mendigos aos magnatas, ou o dos sem-teto aos donos de casas. Eu pensava comigo: o quê, se alguma garota me pedisse para escrever por ela uma redação, eu não escreveria uma redação para ela? Se me pedisse para eu me encher de coragem e trepar numa árvore alta e pegar para ela alguma roupa que tivesse caído da varanda no terceiro andar, eu não treparia? Eu arriscaria a vida e traria para ela. Se alguma garota me pedisse que matasse para ela alguns dos chefões da Máfia, eu não mataria para ela a Máfia inteira? Ou índios? Claro que sim. Por que elas não estão dispostas a fazer algo por nós, apesar de estarmos dispostos a fazer tudo por elas? Elas têm todas as chaves da felicidade, e não nos dão nem uma migalha.

O verbo "dão" me transmite uma distorção profunda e enraizada, talvez uma das mais antigas distorções no mundo. Isso não me agrada, mas reconheço que até hoje não me libertei totalmente deste profundo substrato, de que todas as chaves do prazer estão sempre nas mãos da mulher. E de que a mulher, sozinha, decide — e esta é uma antiga expressão da qual gosto muito — se vai derramar, ou não, sobre mim seus favores.

É realmente uma bela expressão, mas a gente pode dizer que no fundo é uma versão festiva para "ela dá".

Exatamente. E foi em cima disso que crescemos, sobre este "ela dá ou não dá". Os anos me ensinaram algumas coisas. Por exemplo, me ensinaram que se ela "não dá", isso só demonstra que ela é malvada, e avarenta e egoísta e não tem um pingo de compaixão. Mas se ela "dá", é uma piranha, uma prostituta, uma perdida, desprezível no ponto mais baixo na escala do desprezo. Então o que, afinal, eu quero dela? Isso não percebi então, levou anos para eu compreender, quem sabe, me colocar um pouco no lugar dela. Não só isso: assim como cresci dentro de uma tala, elas também cresceram dentro de uma tala, e talvez a tala delas estivesse muito mais apertada e pressionando muito mais do que a nossa, a dos meninos. Diziam a elas: "Você possui um grande tesouro. Se desperdiçá-lo, não terá o que levar para o leito nupcial, ninguém vai querer você. Num piscar de olhos você pode se tornar mercadoria estragada. Vale a pena para você? Não vale a pena. Se desperdiçar o seu tesouro, no melhor dos casos vão te arranjar um sucedâneo qualquer. Algum viúvo ou divorciado, velho ou desamparado, com gonorreia ou leproso. É isso que você quer? O que quer que eles façam, você, de forma alguma, não dê para eles". Além disso, diziam a elas mais uma coisa, às garotas daquela época: "E se você ficar maluca e der para eles, um instante depois eles vão cuspir em você. Não vão querer mais vê-la, para eles você só vale alguma coisa enquanto não der para eles. É assim que é".

Infelizmente, acho que às vezes isso não é totalmente incorreto. De todas as distorções que ensinaram a vocês, não estou certa de que esta distorção esteja completamente errada.

Nada era totalmente errado. Tudo eram constructos — hoje temos esta palavra neste contexto —, tudo eram constructos. O que fizeram com a gente e também o que fizeram com vocês eram constructos. Mas eram como que duas tribos diferentes, e a antiga hostilidade existente entre elas emana de ritos pagãos a divindades. Verdade que a biologia descarrega sobre as meninas um peso que não descarrega sobre os meninos, o perigo de engravidar. O cuidado, a complicação, o preço a pagar — não é só a sociedade que impõe o preço. A biologia também. Mas de onde que eu poderia saber que a biologia tem essa injustiça? Quem alguma vez me explicou isso? Eu era um analfabeto erótico total. Era um Neandertal em tudo que diz respeito a garotas. Tenho certeza de que se em minha infância eu tivesse tido uma irmã, não teria crescido tão Neandertal. Tenho certeza de que se tivessem me enviado a uma turma onde também houvesse garotas, não teria crescido tão Neandertal. Tenho certeza de que se tivesse me acontecido, durante todo o período de minha infância, de falar duas ou três vezes com uma garota, não precisava ser sobre sexo, nem sobre erotismo, nem sobre a mecânica da coisa, seria simplesmente falar com uma garota.

Sobre índios.

Sobre índios. Sabe de uma coisa, até mesmo brincar com garotas de polícia e ladrão, tudo era diferente. Em muitos sentidos eu cresci numa ilha isolada, mas esse sentido específico era o mais pungente porque, por um lado, havia o terror brutal dos hormônios famintos, e por outro, tudo de que eu dispunha para desarmar esse terror era ódio, medo, hostilidade, desconfiança e amargura. Ou seja, nada. E tudo isso baseado em burrice. Eu também invejava as garotas terrivelmente, pois estava certo de que para elas nada era urgente. Meu corpo se tornou um inimigo sádico que me torturava noite e dia, tanto que às vezes eu simplesmente queria matá-lo e acabar com aquilo. Mas as garotas, que maravilha, nada era urgente para elas, ninguém as torturava como meu corpo me torturava e me humilhava. Eu era um pequeno idiota, de uma burrice total. Estava dentro de um cubículo solitário, um cubículo escuro e sufocante. Certo, havia também sentimentos nebulosos em relação às garotas. Não em relação a uma garota especificamente, e sim em relação à feminilidade. Na verdade, não era exatamente um sentimento, era uma espécie de nebulosa saudade de um sentimento. E essa saudade flutuava numa nuvem cor-de-rosa de ternura, de santa reverência. Mas era terminante-mente proibido associar essa saudade à mulher que estava dentro da esferográfica. Na escola Tachkemoni para meninos havia uma pequena sinagoga. Ir à sinagoga no dia de Yom Kippur e devorar lá um porco gotejando gordura seria mais fácil e menos proibido do que levar a mulher da caneta esferográfica para a nuvem cor--de-rosa das delicadas saudades, do sentimento sublime.

E vocês falavam entre vocês sobre tudo isso?

Sim, mas quando falávamos as palavras eram terríveis. Pala-vras de ódio às garotas, palavras de zombaria, piadas degradantes, humilhantes, informações totalmente distorcidas, caricaturas gro-tescas de ligação sexual, superstições, crenças imaginárias. Nunca falávamos entre nós sobre estarmos na penúria, pois nem mesmo conhecíamos o significado dessa palavra. Não sabíamos que está-vamos numa situação de carência. Não sabíamos o quanto estáva-mos mal. Sabíamos que estávamos cheios de raiva. Éramos ma-chos devorados pelo ódio. A sexualidade era percebida por nós mais ou menos como a frase bíblica "Derrame sua ira sobre os gentios": não meramente "transar com elas" mas "transar até aca-bar com elas". Não nos passou pela cabeça que isso de as garotas não "darem" para nós também era porque nós, na puberdade, éra-mos tão repulsivos, um rebanho excitado de safadões no cio, cheios de fantasias nas quais dominávamos, humilhávamos as ga-rotas, batíamos, transávamos, metíamos nelas. Todo o nosso di-cionário do sexo era composto de verbos carregados de violência e de ódio. Por que é que elas dariam para nós?

Na verdade o que você encontrou em sua infância estava mais próximo da pornografia do que do erotismo. Embora exista, é claro, essa questão de onde situar a fronteira entre os dois.

A fronteira é mais fina e esquiva do que se costuma pensar. Não acho que nudez seja pornografia. O que acho problemático de verdade? Violência, sadismo, humilhação. Mesmo jogos de objetificação, se feitos por acordo, para mim não são imorais. A objetificação também pode ser parte do jogo sexual se houver consentimento total entre os parceiros. O mal se manifesta na imposição ou coerção. Vou dizer isso de outra maneira: o que me apavora são todos os tipos de abuso, inclusive a tendência de misturar abuso com sexo, embora às vezes a linha divisória seja muito tênue. Não vejo problema em um menino ver no monitor do computador, ou na tela da televisão, animais copulando. Não tenho problemas em relação a isso. Gerações e gerações de crianças em aldeias de todo o mundo acostumaram-se a ver acasalamentos nos quintais de suas casas, e mesmo em casa, e isso não só não as prejudicou como, pelo contrário, talvez tenha aliviado muito os tormentos de seu amadurecimento.

Fania, minha filha mais jovem, quando ainda tinha dois anos e meio, talvez três, perguntou como os filhos nascem, e Nili explicou a ela, e algumas semanas depois ela veio até nós e pediu que lhe explicássemos como nascem os filhos, e Nili lhe disse: "Mas eu já te expliquei", e Fania disse: "Eu esqueci". Pelo visto aquilo não a tinha abalado, nem chocado sua alma delicada. Caso contrário talvez não tivesse esquecido nem perguntado mais uma vez. Acho que a magoaria muito ver a mãe bater no pai, ou o pai bater na mãe. Ou se ouvisse o pai dizer à mãe, ou a mãe dizer ao pai, alguma coisa que fizesse o outro chorar de ofensa ou de dor — isso poderia lhe deixar uma marca para a vida inteira. Não vejo problema em que uma criança veja um órgão sexual penetrar em outro órgão sexual. Contanto que não esteja ligado a abuso, coerção, humilhação, uso de força ou algo que provoque dor.

É difícil traçar esta linha. Quase impossível.

Verdade. Mas é preciso tentar traçar. Não posso te dizer exatamente onde. Não estou certo de que eu conseguiria traçar — na verdade, eu conseguiria traçar sim, mas ela seria uma linha arbitrária, como é toda linha no mundo. Mas o que há de novo nisso? Toda linha no mundo é arbitrária. Quando está escrito na estrada: até 90 quilômetros por hora, e daí se eu guiar a 91 ou 92? Seria mais perigoso? Se o professor na escola que seu filho vai frequentar por uns poucos anos disser a ele que é permitido andar com o botão superior da blusa aberto, mas não com quatro botões abertos — que diferença faz se for um botão ou se forem dois? Dois ou três? Não há fronteiras que não sejam arbitrárias. Acho que a gente tem de traçar uma fronteira em algum lugar, uma fronteira entre sexo e abuso, sexo e humilhação, sexo e exploração, sexo e depreciação e ofensa. E essa fronteira passa, mais ou menos, na linha que existe entre consentimento e coerção. Verdade, mesmo esta linha nem sempre é suficientemente nítida. Ou nem sempre se consegue marcá-la com bastante força. Mas não tenho uma proposta melhor do que a de investir na marcação dessa linha e na sua definição. Porque a coerção não começa e termina com a força bruta. Existe todo um arsenal de coerções, existe também chantagem e manipulação e promessas vãs e suborno.

Eu te contei que cresci num ambiente tremendamente puritano e não sabia como era uma mulher nua até levarem para a Tachkemoni a esferográfica. Mas não. Eu me enganei. Eu vi, sim, uma mulher nua muitíssimo antes da caneta esferográfica: quando tinha cinco ou seis anos, no fim da Segunda Guerra Mundial, havia perto de nós uma instalação britânica onde eram mantidos prisioneiros italianos. E nós jogávamos para eles, como se fossem macacos numa gaiola, jogávamos para esses italianos no outro lado da cerca de arame farpado balas e amendoins e laranjas. E um italiano me mostrou a foto de uma mulher, nunca vou esquecer, uma mulher muito gorda, só de meias e ligas, e nada mais. E eu olhei para aquilo e comecei a fugir, e ano após ano não parei de fugir daquela foto. Pena. Eu não precisava ter fugido. E por que fugi? Porque já tinham me estragado. Me disseram coisas que não deveriam ter dito. E não me disseram coisas que deveriam, sim, ter dito. Por mim, o Ministério da Educação devia distribuir para todo menino no jardim de infância fotos coloridas de como é um homem nu e como é uma mulher nua. Isso não vai lhes fazer mal. Pelo contrário. São coisas sobre as quais hoje eu penso principalmente em relação ao feminismo militante e não em relação ao puritanismo de então. Embora na verdade esses extremos às vezes se juntem. Tanto no puritanismo tradicional religioso, no qual tudo que tem a ver com sexualidade está ligado ao pecado original, quanto no feminismo militante, que em sua expressão mais extremista está disposto a sacrificar todo o erotismo no altar de algum outro ideal, como justiça, liberdade, igualdade. A feminista radical de Chicago, Andrea...

Dworkin.

Sim. Que alega que toda penetração é estupro. Eu a odeio. Eu realmente sinto ódio quando penso nela. Por quê? O que você quer? O que fizemos a você? Para mim ela não é melhor do que qualquer fanático religioso ou que todos os fanáticos revolucionários para os quais todo prazer merece castigo. Em vez de odiar a arbitrariedade, e odiar a injustiça, e odiar a discriminação, elas odeiam o sexo. Por quê? Que mal lhes fez o sexo? Deram-nos uma dádiva tão maravilhosa, maravilhosa como a luz, maravilhosa como o mar, maravilhosa como o alimento, até mais do que isso. O que vocês querem dessa dádiva? É porque há pessoas que poluem essa dádiva? Também há pessoas que poluem a luz, pessoas que poluem o ar, pessoas que poluem o mar. Mas o que vocês querem dessa dádiva? Também fico com raiva do que enfiaram em minha cabeça quando eu era criança, e também do que fazem hoje feministas militantes, e militantes do politicamente correto, e tenho raiva de todo aquele que rebaixa o sexo quando na verdade a intenção é rebaixar outras coisas, ou não rebaixar outras coisas. E não tenho raiva apenas por razões intelectuais, tenho raiva principalmente porque essas pessoas aumentam o sofrimento no mundo. Porque elas multiplicam sentimentos de vergonha e de culpa. Multiplicam a hipocrisia e a ansiedade. Porque estão tirando das pessoas um pouco de consolo nesta vida. A vida é cheia de sofrimento e sempre termina muito mal. O que importa que haja nessa vida três ou quatro coisas que fazem bem? Por que roubá-las disso? Ou rebaixá-las? Por quê?

No início desta conversa você também mencionou a raiva que as mulheres têm dos homens, e agora você volta ao assunto. Mas em minha opinião você saltou rápido demais da revolução para a raiva e a militância que ela engendrou, as quais por sua vez engendraram a revolução, sem se deter no fato de que essa revolução é positiva, obrigatória. E sim, como toda revolução, ela não é bem-acabada nem definitiva. Ela às vezes exagera e às vezes é violenta. Um pêndulo não para quieto delicadamente de uma vez no lugar certo, ele se movimenta energicamente entre os polos. Pois assim são as revoluções. E também me parece que você não está levando em consideração que após milhares de anos de opressão, violência e desigualdade extrema talvez haja lugar para alguns anos de raiva.

Eu absorvo a raiva e às vezes a recebo direto na cara, e é difícil para mim. Ela me apavora e também me ofende, essa raiva. Pois como toda raiva ela generaliza, não faz distinções: "vocês" contra "nós". Essa raiva bem como o politicamente correto, que mais de uma vez assume a forma ridícula de uma nova moral vitoriana: "Vistam meias nas pernas da mesa, senão os homens ainda vão ter pensamentos sujos". Há algum tempo saiu num jornal a história de uma jornalista na França que processou o jornal no qual trabalhava apesar de ninguém tê-la ofendido pessoalmente, não houve assédio sexual, mas o ambiente a assediava: os homens penduravam em seus escritórios, ou nos corredores, figuras de mulheres nuas, ou seminuas, não me lembro bem. Às vezes esses homens até falavam palavrões. Ela então processou o jornal e ganhou, e não sei se eu fiquei contente por ela ter ganhado. Pois se a partir daí dermos mais um passo à frente, o que será preciso fazer em relação a ambientes onde se contam piadas racistas? Por que isso seria melhor do que aquilo? E quanto a ambientes onde se contam piadas militaristas? Ou em que se penduram imagens de frentes de combate e campos de morticínio? Em que isso seria melhor?

Ela não diz que isso é melhor. E desde quando uma injustiça anula outra injustiça? Aliás, também me lembro de já ter visto muitos escritórios onde estão penduradas imagens de frentes de combate e campos de morticínio.

Você tem toda razão ao dizer que uma injustiça não invalida outra. Mas se o tribunal for coerente, terá de impor censura muito rigorosa a uma parte da natureza humana. Não sei se eu iria tão longe. Quando eu era muito jovem com certeza disse às vezes coisas das quais hoje teria vergonha. Por exemplo, eu contava piadas obscenas às garotas porque me ensinaram que isso as excitava. E eu acreditei. Levou muito tempo até eu compreender como haviam me envenenado. Mas e se alguém pendura no escritório um calendário com modelos seminuas ou nuas? Eu não faria disso um caso jurídico e não chamaria isso de "ambiente de assédio sexual". Acho que existe aí o perigo do fanatismo. Tenho um pouco de olfato para o fanatismo, e onde sinto cheiro de fanatismo, não me sinto bem. Existe também feminismo fanático no mundo, e ele não é melhor que outros tipos de fanatismo. Parte dele vem da recusa dogmática de reconhecer o fato de que, sim, há diferenças. Em *Os irmãos Karamázov*, de Dostoiévski, Ivan Karamázov diz: "A alma do homem é ampla demais, eu a reduziria um pouco". Bem, eu não. Tampouco reduziria a diferença que existe entre a mulher e o homem. O que eu reduziria e até mesmo eliminaria é a injustiça que emana dessa diferença.

Mas, Amós, eu também não gostaria de trabalhar num escritório no qual estão penduradas, inclusive nos corredores, retratos de mulheres nuas. Pois esses retratos, de alguma forma, me diminuem e me envergonham. Expressemos isso assim: quando entro no gabinete de meu chefe, plausivelmente um homem, para pedir um adiantamento ou um aumento de salário — porque, estatisticamente, homens com as mesmas funções que eu exerço ganham mais do que eu —, esses retratos estão me lembrando qual é meu lugar no mundo, lembrando que eu valho menos. E então, em vez de pedir aumento ou adiantamento, eu sorrio constrangida e saio educadamente do recinto.

Mas, Shira, quem é que vai falar mal de uma mulher que esteja sentada diante de uma TV, mesmo num lugar público, mesmo num intervalo em seu lugar de trabalho, assistindo a homens jogando basquete, porque isso a excita? Quem é que vai dizer: "Parem de passar na televisão imagens de homens suados jogando basquete"? Ou de poetas recitando um poema? Ou de um exímio cavaleiro montando seu cavalo? Ou de um artesão debruçado sobre sua bancada de marceneiro? Eu mencionei tudo isso com pontos de interrogação, não de exclamação. Penso que se levarem essas exigências a um extremo, a vida será mais pobre.

Não é a mesma coisa, devido ao contexto histórico. Pense na caneta esferográfica da escola Tachkemoni. Pense não só no desejo sexual, mas em todo o ódio e a ignorância e a humilhação que escorriam na tinta daquela caneta. A exposição de mulheres como objetos se-

xuais, objetos do desejo, foi durante anos a maneira de reduzir suas possibilidades de ação, de tornar mais estreita sua existência no espaço público. Para dizer a elas: vocês são boas para isto, e não para outras coisas.

Objetificação. Você está falando sobre objetificação. Publicitários, por exemplo, fazem o tempo todo a objetificação de homens atraentes para vender produtos para mulheres, mas essa objetificação não é mediante nudez, porque isso geralmente não funciona. Olhe para os anúncios na televisão. Não é objetificação?

Sim, isso é, sim. Mas o fato é que na história humana a objetificação dos homens não teve um papel decisivo, ou qualquer papel em geral, no estreitamento do lugar deles no mundo. Não existe um verdadeiro problema histórico de mulheres que contemplam figuras de homens bonitos e atléticos montados em cavalos e que por isso pensam que eles valem menos e merecem menos. É o contrário.

Na verdade o que você está me dizendo é que o que é factual em toda a história é que os homens exploraram as mulheres muito mais do que as mulheres exploraram os homens, e não só sexualmente. A estatística não aponta igualdade.

E que enquanto retratos de mulheres nuas estiverem pendurados nos corredores, provavelmente vai continuar sendo assim.

Aqui você está me esclarecendo uma coisa na qual realmente não tinha pensado. Mas vamos levar isso um pouco mais adiante. Se o tribunal for coerente ele terá de impor censura não só às imagens de nudez feminina em lugares públicos, mas também a criações artísticas, inclusive verdadeiras obras de arte. Digamos que na sala do diretor exista não um calendário da *Playboy*, mas uma pequena escultura, reprodução da Vênus de Milo, um quadro de Ticiano, um desenho de Gauguin.

É uma excelente questão. E voltamos aqui à dificuldade que você mencionou: onde traçar a linha de fronteira. Quanto a mim, não sinto que o quadro de Ticiano me humilhe. Mas talvez outra mulher diga outra coisa.

E se outra mulher disser outra coisa, o diretor vai ter de retirar o quadro, ou será processado?

Eu levo você de volta exatamente àquilo que você me diz: que é impossível traçar essa linha, e contudo é imprescindível traçá-la.

Concordo com você que aqui também é preciso traçar a linha, mas exatamente neste caso não tenho ideia de como fazer isso. Talvez você tenha. Mais uma coisa: o fato de que quase ninguém vai mais ousar chamar a caixa do supermercado, uma mulher bonita e atraente, de "boneca", me alegra muito. Mas se um freguês no supermercado, inclusive eu, quando ela fecha a conta no caixa e enfia as compras nas sacolas, contemplá-la por um instante a mais, eu não condenaria o sexo masculino por isso, nem proporia no Parlamento uma lei contra isso. Sim. Realmente, nós, homens, quase todos olhamos para ela por um instante a mais. Eu também. Se uma lei determinar que esse instante é ilegal, acho que o mundo vai ser um lugar ainda mais triste. E o mundo já é um lugar bastante triste sem isso, bastante triste apesar de ainda não ser proibido olhar para ela um instante a mais.

Alguém, pelo visto um homem ameaçado e magoado, atacou recentemente o movimento #MeToo e o acusou de macarthismo. Para mim, não se trata disso. Não mesmo. O macarthismo foi um movimento de agressão que os muitos e poderosos fizeram aos poucos e fracos. O #MeToo incorre no perigo oposto. No perigo de ser arrastado pelo declive que existe entre um ardor revolucionário compreensível e justo e uma crueldade bolchevista: é permitido às vítimas fazer justiça sem julgamento, só porque "o fraco sempre tem razão pelo fato de ser fraco e por ter sofrido e estar sofrendo tanto e porque foi vítima de uma injustiça histórica durante milhares de anos". Essa revolução é louvável, mas à sua margem, como em todas as revoluções, há uma sombra de fanatismo.

Mesmo assim, seus netos estão crescendo num mundo muito melhor do que aquele no qual você cresceu, no que diz respeito àquilo de que estamos falando.

O mundo não se estende apenas daqui até a praça Rabin. A 150 quilômetros daqui, no Estado Islâmico, uma menina de doze anos é vendida por um maço de cigarros. O mundo de hoje não é só Tel Aviv. Em Bnei Brak, a uma distância daqui que quase dá para cobrir a pé, obrigam uma moça a se casar à revelia com um homem que a rejeita, sentimental e fisicamente, mas ela lhe é oferecida porque ele é um grande luminar da Torá. E não se trata apenas de ela não poder recusar, ela nem mesmo tem certeza de que realmente quer recusar. Parte dela aparentemente quer recusar e parte dela não quer, parte dela acha que é assim que tem de ser. Parte dela diz: eu realmente estou destinada a ele. Eu sou o prêmio que ele merece por sua grandeza na Torá. E isso será uma coroa em minha cabeça. É uma coisa apavorante. E acontece no mundo de hoje. Porém junto com isso, pelo menos no bairro onde eu moro, e certamente em muitos outros lugares, você vê coisas maravilhosas acontecendo com casais jovens, coisas com as quais minha mãe ou tia Sonia não ousariam sonhar quando eram garotas.

Se voltarmos a meus netos, então sim, parece que para meus netos é mais fácil do que foi para minhas filhas, e foi mais fácil para elas do que foi para Nili, e para Nili muito mais do que foi para mim, falar sobre sexo. Uma vez estávamos num restaurante em Tel Aviv com meus netos de vinte anos, Din e Nadav, e eles perguntaram a mim e a Nili, direto na cara, enquanto comíamos o peixe do prato principal, quando foi que fizemos sexo pela primeira vez. Eu quase caí da cadeira: se eu fizesse à minha avó uma pergunta como essa, ou até ao avô Alexander, o dom-juan, eu levaria na hora dois tabefes.

A primeira vez ou a última vez?

Não, eles perguntaram quando foi a primeira vez. A última vez ainda não houve. Para mim foi um momento embaraçoso, mas Nili respondeu na hora em nosso nome. Respondeu com leveza. Com humor e graça. Eu não seria capaz de pronunciar uma sílaba. Durante quinze minutos fiquei totalmente paralisado. O fato de eles não terem nenhuma problema em nos perguntar isso é uma coisa nova. E não é ruim. Seu filho vai te perguntar, prepare-se. Quando acabar de sair das fraldas vai começar a te perguntar. Prepare-se.

Você é quem diz que é preciso investir na marcação de uma linha fronteiriça entre sexo e abuso e exploração, entre consentimento e coerção. Então, vamos investir.

Penso que a fronteira entre uma corte um tanto áspera e assédio não está nítida e milimetricamente clara. Penso que a fronteira entre jogo erótico excitante e objetificação não está nítida e milimetricamente clara. Penso que a fronteira entre negligência ou desatenção e ofensa e humilhação não está milimetricamente clara. Penso que a fronteira entre um leve toque ocasional ou divertido e a violação da autonomia física do próximo não está nítida e milimetricamente clara. Penso que até mesmo a fronteira entre uma fala desbocada e uma fala que fere os sentimentos do ouvinte ou da ouvinte não está milimetricamente clara.

Mais do que isso: penso que todas essas fronteiras mudam um pouco de vez em quando, o que torna a questão das fronteiras ainda mais difícil e complicada do que já é.

Eu não penso, e sim sei com certeza, e acho que já te disse isso, que todas as fronteiras no mundo são arbitrárias, e até mesmo um pouquinho ridículas. Mas ausência de fronteiras é perigoso, destrutivo e até mesmo catastrófico.

Então, onde, por onde passam essas fronteiras? Talvez passem exatamente pela linha que demarca o consentimento mútuo. E eu sei que essa linha não é fixa. É permitido mover a linha do consentimento, contanto que se concorde em movê-la.

É verdade que às vezes o lado A comete um erro por um instante, ou o lado B interpreta errado as mensagens que capta ou que imagina captar. Mas é proibido que esse erro se estenda por um milímetro sequer além do sinal de recusa. É permitido ao lado A ou ao B ter prazer cinco vezes, e recusar na sexta, ou ao contrário — recusar cinco vezes e ter prazer na sexta. A todos nós é permitido brincar o quanto quisermos com objetificação ou todo tipo de jogos de prêmio e castigo, suborno e retorno, negociação e barganha, domínio e obediência, dar e receber, contanto que o jogo seja de comum acordo. E o acordo, como já disse, vale, definitivamente, apenas por uma vez. O acordo só vale enquanto estiver sendo mantido. Nem um segundo a mais. Não fui eu quem inventou isso, estou apenas ressaltando coisas que aprendi com outros e com outras.

Como você sugere que se identifique, se defina, o não consentimento?

Neste caso eu fico do lado do rigor maior, com todo o extremismo, até mesmo fanatismo: o consentimento mútuo entre uma empregadora e o empregado subordinado a ela, ou entre uma professora e seus alunos, não é um consentimento até que os dois lados resolvam chamá-lo assim. E mais: toda palavra, todo gesto, todo movimento, até mesmo uma expressão que signifique recusa e esquiva — devem ser considerados exatamente como uma porta batida na cara, e às vezes são equivalentes a um tapa na cara.

E o que fazer se no lado A ou no B despertar uma dúvida? Quem sabe a recusa ou a esquiva sejam parte de um jogo romântico? Um jogo erótico? Um jogo coquete? Em minha visão fanática, até mesmo a mais leve das dúvidas, até uma sombra de dúvida, deve ser interpretada como um fechamento de porta. Mesmo que ontem e anteontem, ou dentro de uma ou duas horas, tenha sido aberta uma brecha na mesma porta, a fronteira tem de ser absoluta como uma porta fechada. No momento em que a porta se fecha, essa porta está fechada. E pronto.

Voltemos à sua história, aos anos de sua adolescência. Afinal, você não ficou toda a sua vida em Jerusalém e na escola religiosa para meninos. Quanto a este aspecto também, de sua educação erótica, a ida para o kibutz foi um momento de transição.

Depois do inferno hormonal e ignorante da Tachkemoni, certa manhã acordei no kibutz Hulda. Ouça, passar de uma só vez dessa Jerusalém ascética para uma espécie de oásis de permissividade foi um choque emocional e sexual como nunca vivi na vida. Nos primeiros dias no kibutz eu parecia um suicida muçulmano, um *shahid*, que chegou ao paraíso e dá de cara com as 72 beldades prometidas. Começou com o fato de que as garotas no kibutz andavam o verão inteiro de calções curtos até a virilha, com aqueles elásticos — e o que quero dizer com curtos até a virilha? Às vezes um observador insistente conseguia até mesmo receber um pequeno vislumbre da própria através do elástico.

E a gente podia falar com garotas. Não que eu soubesse como, mas eu via garotos realmente falando com garotas. Ficava perplexo. Vi que garotos tocavam nas garotas e não lhes acontecia nada. E ainda mais espantoso e maravilhoso: vi garotas tocando em garotos, até mesmo com afeto. Eu não ousava, não tocava em nenhuma delas e nenhuma delas tocava em mim, talvez tenha se passado um ano até eu pousar uma mão aterrorizada no ombro de uma garota, pela primeira vez em minha vida, e de repente eu descubro que isso é possível. Que não vai irromper um fogo e me devorar. Fiquei estarrecido. Um de meus impulsos era pegar uma bomba e mandar todos eles pelos ares.

É mesmo?

Sim. Por inveja. Tudo era tão bom para eles, para aqueles kibutzniks! Tudo era permitido! Valia tudo! "Estenda a mão e toque nela!" Por que só para mim tudo era tão ruim? Eles têm tudo, por que eu não tenho nada? Ainda mais numa sociedade que se considera socialista e na qual todos são iguais. Eu tinha certeza que os garotos ganhavam das garotas o que eles quisessem. "Ganham" e "dão", novamente essa armadilha. Talvez tenha chegado o momento de fazer uma operação mundial para acabar com essa ignorância. Aliás, não era exatamente como eu tinha pensado. Claro, tudo era mais permissivo. Mas eu, em minha visão, na visão do alienígena que tinha aterrissado lá, tinha certeza de que tudo era dividido entre todos, como a distribuição igualitária do sabonete Nake 7 e da pasta de dente Shenhav, para todos, menos para mim, pois eu era um extraterrestre. De tanta inveja eu os admirava, e também os invejava, e também queria explodi-los. Estado Islâmico. Não quero falar mais sobre os calções curtos com elásticos, aquilo era "verás a terra diante de ti, porém não entrarás nela".* Não havia o que invejar em mim.

Também compreendi logo que eu estava bem no fundo — que eu pertencia à décima parte mais inferior, à centésima parte mais inferior do proletariado erótico; e eu estava indo de mal a pior; simplesmente tinha passado de uma burrice, a burrice de Jerusalém, para outra burrice, a do kibutz Hulda. Eu achava que

---

* Citação de Deuteronômio 32,52, quando a divindade determina que Moisés não entrará na Terra Prometida.

tinha entendido que todas as garotas se sentem atraídas apenas pelos garotos grandes, fortes, bronzeados, com músculos, com pelos no corpo todo, garotos que jogam basquete, que sabem marcar um gol a dezesseis metros de distância chutando com o pé esquerdo, garotos capazes de torcer o pescoço de um pintinho sem pestanejar. Isso é tudo o que as garotas querem. Garotos que sabem dançar, garotos que não têm nenhum problema em fazer uso das mãos. Assim, compreendi mais uma vez que eu não tinha chance alguma, estava perdido. Eu estava no kibutz Hulda como um aluno de *ieshivá** que acorda de repente num clube de striptease. Claro que o kibutz não era um clube de striptease. Muito longe disso. Hoje eu sei que o erotismo lá era muito ingênuo. Mais parecido com um ensaio do Guivatron** do que com uma orgia. Tanto que até os dez anos de idade eles tomavam banho de chuveiro juntos, meninos e meninas. Mas para mim, aquele erotismo parecia — agora peço uma palavra emprestada do meu herói Shmuel Ash no romance *Judas* — que era, como Atalia, *nivtseret*, ele era "fechado" ou "proibido", ou "trancado e protegido". A dádiva mais almejada na vida era destinada apenas à raça superior, não para um fracote como eu. "Só aos cedros está destinada a chama, e não ao hissopo que cresce na parede."*** Isso aprofundou ainda mais minha burrice ignorante, pois em vez de dissolvê-la, ainda acrescentou-lhe uma camada de preconceitos. Mais raiva, mais humilhação, mais amargura. Dentro de mim havia uma voz que pensava: kibutz? Sociedade igualitária? Era preciso haver aqui uma espécie de comitê assistencial, um comitê erótico

---

* Escola de estudos religiosos judaicos para meninos.

** Grupo vocal formado por membros de kibutzim do vale de Bet Shean, centro-leste de Israel.

*** Alusão a texto do Talmude da Babilônia que por sua vez alude ao 2 Livro de Reis 5,13 (na Bíblia hebraica) ou 4,33 (na Bíblia cristã).

que cuidasse de distribuir, às vezes, pelo menos um pouco do que sobrasse para as camadas mais necessitadas. Um pequeno guichê especial para necessitados e limitados e carentes. Onde está o socialismo? Pelo menos alguma coisa! Migalhas!

Vou te contar agora o que finalmente me tirou dessa minha burrice, o que me salvou de me tornar um psicopata ou um infeliz pervertido ou um voyeur crônico.

Minha educação erótica começou com a leitura de livros. *Madame Bovary, Anna Kariênina*, Jane Austen, Virginia Woolf, Emily Brontë. Após ter lido muitos romances sobre a vida espiritual das heroínas, com um pingo de alusões nebulosas e censuradas à sua vida corporal, cheguei a uma situação — há uma situação mais ou menos como essa em aulas de direção — na qual eu já estava quase preparado para uma prova teórica. Para a prova prática eu ainda estava muito longe de estar preparado. Mas de repente compreendi. Compreendi — e para isso tive ajuda da maravilhosa dádiva que recebi de minha mãe: a imaginação. Comecei a perguntar a mim mesmo, quando lia aqueles livros, se eu mesmo não poderia ser Emma Bovary, vamos lá, pense, ponha-se no lugar dela, ponha-se debaixo do vestido de Anna Kariênina — debaixo do vestido não no sentido que eu queria, mas no sentido espiritual. Aprendi nesses romances coisas que não sabia e não tinha imaginado, e como acontece às vezes quando se lê boa literatura, você descobre que os chineses não são tão diferentes nem tão distantes de nós quanto pensávamos até então. E o grande alienígena começou a ficar menos alienígena e menos amedrontador e enraivecido, e até um pouquinho parecido comigo. Isso me emocionou demais. Foi uma catarse.

O ódio que nascera da inveja e do desamparo e da desesperança começou a desvanecer, a raiva começou a desvanecer. Lentamente, de dentro do espesso nevoeiro começaram a ficar mais claros para mim todo tipo de contornos — por que elas não "dão", por exemplo? Então eu já sabia que não era por crueldade ou egoísmo. O que as atemoriza? O que é repugnante para elas? Nunca tinham me dito o que era repugnante para elas e o que as atemorizava, e evidentemente nunca tinham me dito o que era agradável para elas, o que as encantava, o que as atraía. Pois desde a morte de minha mãe, na verdade desde muito antes de sua morte, nenhuma mulher, nenhuma vez, tinha falado comigo. Nem mulher nem menina. Nunca. Devo tudo aos livros que li.

E aí está, o que aprendi nos livros causou em mim uma reviravolta. Aos poucos fui ficando com essa inveja nebulosa, uma inveja obscura da sexualidade feminina, pois tinha compreendido que ela era muito mais rica e complexa do que a minha, embora na verdade eu não tenha nenhum direito de falar em nome do sexo masculino. Aprendi que pelo visto é mais complicado excitá-la do que excitar a mim, mais complicado satisfazê-la do que satisfazer a mim. O pouco que consegui adivinhar sobre a sexualidade feminina através dos romances que li encheu-me de uma mistura de respeito e inveja, mas já não havia amargura, nem ódio, nem raiva. Como o homem do Estado Islâmico que de repente compreendeu que tinha o que aprender da civilização que o tempo todo estava querendo explodir. E que existe até mesmo o que admirar. Compreendeu de repente que em alguns aspectos o inimigo se parece com ele e em alguns aspectos ele é até mais avançado do que ele, e em alguns aspectos muito merecedor de compaixão, de simpatia e até de respeito. A pergunta então já não era, como fora durante toda a minha infância, "por que elas não dão?" — a pergunta passou a ser como fazer com que as mulheres quisessem dividir comigo a grande felicidade que estivera proibida para mim. Eu queria muito aprender, tinha quinze anos e queria muito que me explicassem, queria saber. Queria até mesmo participar. Você entende o que estou dizendo? Eu queria que me deixassem participar. Não apenas que me levassem para a cama. Eu queria mais alguma coisa: que me deixassem participar de seus segredos. Eu queria atuar ao mesmo tempo nos dois papéis: ser eu mesmo e ela também na cama. Ou em cima das agulhas dos pinheiros à noite, no bosque.

E passaram-se mais alguns anos até que eu aprendesse que tudo que eu achava que tinha descoberto aos quinze anos sobre a sexualidade feminina era só meia verdade. Que o diapasão da sexualidade feminina pode ser muito mais parecido com o diapasão da sexualidade masculina do que eu até então imaginava, quando li *Madame Bovary* e *Anna Kariênina*. Esses livros foram escritos por homens, certo que por homens esclarecidos, mas assim mesmo homens do século xix que também eram prisioneiros dos clichês sobre a relação entre feminilidade e delicadeza ou fragilidade. As diferenças que então eu descobri entre a sexualidade feminina e a masculina também eram diferenças não permanentes. Às vezes como a diferença entre um tambor e um violino, mas às vezes um dueto de tambores, ou dueto de violinos. Às vezes assim, às vezes assado. E não é que para uma mulher seja de um jeito e para outra não. Aprendi que o que eu pensava ter aprendido aos dezesseis anos nos livros que li em Hulda era correto e importante e novo, mas não era tudo. Com os anos aprendi mais coisas sobre feminilidade, coisas que Anna Kariênina e Emma Bovary não vão te ensinar, nem mesmo Jane Austen ou Virginia Woolf. Mas aqueles livros foram um primeiro estágio, e sem eles eu não ganharia meu primeiro batismo de mel, e não teria progredido com os anos para os estudos de segunda e terceira graduação. Não vou repetir aqui; está tudo escrito em *De amor e trevas*. Mas como disse a irmã mais velha de meu amigo de Jerusalém, aquela que me surpreendeu tentando espiá-la quando eu tinha doze anos: "Amós, se você aprender como pedir, não vai precisar mais espiar". No decorrer dos anos aprendi que isso também é uma meia verdade. Muitas vezes é assim, mas nem sempre.

Aprendi mais uma coisa — não caia da cadeira —, aprendi que tamanho é, sim, documento. O tamanho da imaginação erótica. O tamanho da empatia. Esta foi uma das coisas mais maravilhosas que me aconteceram na vida, essa descoberta, no que se refere ao tamanho, o tamanho da minha imaginação erótica, da capacidade de inventar, a capacidade de se renovar, em tudo isso eu tinha mais tamanho do que os garotos que marcavam aqueles gols. Você não tem ideia de como de repente aquelas nuvens pesadas que me oprimiam desde a infância começaram a se dissipar, e finalmente o sol brilhou para mim: "O meu é maior".

Que momento incrível!

Não foi um momento. Foi um processo. Quase por acaso eu descobri esse segredo, de que o cofre… às vezes ele simplesmente se abre com a combinação correta de palavras. Não só de palavras. Talvez seja necessário dizer uma melodia. Compreendi que a melodia que vai incendiar completamente aquela ali é totalmente diferente da que vai despertar aquela outra. Isso também é uma meia verdade, pois a melodia que a despertou ontem nem sempre será a mesma que vai despertá-la esta noite também. É assim que é. E a melodia que a assustou ontem nem sempre vai assustá-la também amanhã. Há no mundo repertórios que com frequência funcionam às mil maravilhas, mas há também outros repertórios. Que às vezes incluem até mesmo os repertórios repulsivos e primitivos e machistas com que cresci em minha infância, e no fim eles geralmente são mentirosos, distorcidos, mas às vezes até que não. Até mesmo estes não são de todo repulsivos. E tem mais uma coisa: Aristóteles escreveu que a alma habita o corpo como o capitão habita o seu navio. E quase tudo que existe no mundo do erotismo é uma ligação, desta ou de outra maneira, entre o corpo e a alma. Zenão disse uma coisa mais bela do que a que disse Aristóteles — disse que a alma mora no corpo como a aranha dentro de sua teia.

Isso é realmente muito bonito.

A teia é na verdade uma parte do corpo da aranha, ela a cria tirando-a de dentro dela. Isso também costuma ser verdade, mas nem sempre. Eu acho que a diferença entre a sexualidade animal e a humana é a história. A sexualidade animal, até onde sei, não é acompanhada de uma história. A sexualidade humana está ligada a uma história, mesmo se ela não for contada antes da transa. A história se passa em nossa cabeça. Ainda antes de tocarmos um no outro, nos passa pela cabeça uma história. Por isso a idade da história é a idade da sexualidade humana. Muito antes de terem inventado o alfabeto, muito antes de haver no mundo romance e memórias e prosa e poesia e novela e conto. Quando eu tinha dezesseis ou dezessete anos, essa descoberta de que a sexualidade humana está sempre envolta numa história me causou uma alegria imensa. Por quê? Porque se revelou que eu não era tão proletário quanto pensava. Não tanto assim um pobre sem-teto: pois se estamos falando de histórias, espera aí, até que tenho algo a propor. E aprendi… não vou te contar como e o quê, porque isso também aparece um pouco em *De amor e trevas*, e isso não é o mais importante. Aprendi que para mim, pelo menos, vale muito a pena contar uma história. Os outros garotos? Perfeitamente, que marquem um gol a dezesseis metros de distância. Isso também funciona. E isso também só às vezes é verdade. A expressão mais importante de toda a nossa conversa hoje é "às vezes".

Você se lembra do conto "Meu primeiro pagamento como escritor", de Bábel? Que conto delicioso! É uma história contada em primeira pessoa, sobre um garoto de rua que cria em sua cabeça uma história sofisticada e tocante e a conta para uma prostituta, e a história a emociona, ou excita — ou emociona e também excita —, e ela concede a ele seu primeiro pagamento como escritor. É quase, quase uma história sobre mim.

O arco dos métodos de sedução do homem se estende, falando dos extremos, mais ou menos desde trucidar leões em homenagem à beldade desejada até fazer uma serenata debaixo da sacada da donzela, com tudo o que existe no meio entre estraçalhar uma fera e cantar para a bela, inclusive discutir sobre música ou sobre a validade desta minha descrição. Enquanto o arco de sedução da mulher percorre toda a extensão que vai de uma nudez provocante, ou seminudez, que para mim é ainda mais provocante, passando por uma linguagem de indícios de sedução, que tem uma sintaxe rica, diversificada, em parte verbal, em parte corporal, um leve tremor dos lábios, um ligeiro pestanejar, a sombra de um sorriso, uma promessa ambígua, até uma discussão veemente sobre a validade desta minha descrição ou sobre música. Todo esse arco se estende diante de nós, e todas as cores do arco-íris, tanto no arco feminino quanto no arco masculino. Depende de quem é o sedutor e quem é o seduzido. E isso também é apenas meia verdade, ou menos do que meia, porque às vezes fazemos isso, às vezes fazemos aquilo, e por isso todas as minhas fórmulas merecem a lata de lixo. Exatamente como todos os tipos de elixir do amor e poções e afrodisíacos: às vezes funcionam, às vezes não. Às vezes não são absolutamente necessários. Às vezes, como disse a irmã mais velha do meu amigo, quem sabe como pedir não precisa trepar na árvore para espiar.

Veja, não vou te perguntar o que existe no seu arco de sedução, mas vou, sim, perguntar — o que não existe nele?

É o seguinte: eu não sou um caçador. E também já não invejo mais os caçadores. Já tive inveja deles. Sou capaz de executar, quase por encomenda, uma variedade bastante ampla de tarefas eróticas, por inspiração ou por solicitação. Mas entre as tarefas eróticas que aprendi a executar não existe a de caçador. Não porque seja uma tarefa inapropriada, pelo contrário, é uma tarefa muito antiga, quase tão antiga quanto sexualidade humana, e talvez anterior a ela, talvez até entre os animais. Mas essa tarefa não acontece comigo. Não quero ser um caçador.

Não quer ou não pode, ou as duas coisas?
As duas coisas. Isso às vezes é uma desvantagem, aqui e ali até é uma vantagem, o fato de eu não ser um caçador. A verdade é que seduzir e ser seduzido sempre me fascinou e ainda fascina mais do que a caça, muito mais do que o acorde final do processo da sedução e de ser seduzido. Sempre pensei que um homem ou uma mulher que pegam um excelente romance policial só para saber quem é o assassino na última página são pessoas infelizes. E um leitor que dá uma espiada na última página para cortar caminho e saber quem é o assassino, ou como desvendaram o mistério, é, para mim, um mísero leitor.

Vou te dizer uma coisa, não se sinta mal por isso: era assim que minha avó, Mala, lia romances policiais. Mas não fazia isso para cortar caminho. Lia um pouco do início, para compreender do que tratava o livro, depois pulava para a última página, para saber o que acontecia no fim, e aí ficava tranquila e podia ler o livro com satisfação e prazer.
Sabe de uma coisa, compreendo isso também. Compreendo até a analogia sensorial e erótica que isso tem. Existe essa coisa de "amores invertidos". A primeira coisa, quinze minutos depois de se conhecerem, é ir para a cama, e depois começam a se conhecer ou a se apaixonar. Tem um conto assim, "Ahavá Afuchá" [Amor invertido], escrito por Yehuda Amichai. Mas não invejo quem tem isso como única opção do cardápio. E se isso é tudo que alguém deseja, com certeza não invejo esse alguém.

Isto é, a última página.
A última página é maravilhosa, mas só é maravilhosa quando se lê no fim do livro.

E nem sempre é maravilhosa.

Nem sempre é maravilhosa.

Estou falando agora de literatura, mas poderíamos ampliar para o nosso tema.

Está bem, você pode falar do que quiser, sei do que você está falando. Está falando de literatura. Mas se ela for realmente maravilhosa, a última página, e mesmo se não for maravilhosa, seja como for, se for apenas a última página, isso foi quase uma perda de tempo. Todas as coisas de que gosto nesta vida, quase todas elas são coisas demoradas. Na comida, na leitura, nas viagens a lugares distantes. Não sou pessoa de degustações rápidas. A não ser que esteja morrendo de fome, e mesmo assim há exceções. Não por acaso, no curso que dei na Universidade Ben-Gurion, quando me obrigaram a ensinar numa oficina para escritores, insisti para que fosse chamada de "Oficina para leitura lenta". Já vamos encerrar.

Que pena!

Não, tem mais. Tenho também uma antologia completa sobre como recusar e como receber uma recusa. Pode-se recusar ou receber uma recusa com raiva, com ironia, com ofensa, com obstinação, fingindo indiferença, e pode-se recusar com delicadeza, e com um dar de ombros, e pode-se recusar com comiseração. E pode-se receber uma recusa de várias maneiras — com sofrimento, com cavalheirismo, com suavidade, e também com espírito vingativo. Posso te dizer uma coisa? Não gosto de recusas, tampouco gosto quando tenho de recusar. Mas isso também me fascina. A riqueza que há na recusa, na objeção — se você souber como encará-la —, uma vez a recusa de uma mulher já foi para mim o máximo da ofensa, quando uma mulher me dá a entender ou me diz: "Não quero você". Com o tempo, eu me enchi de curiosidade: por que ela não quer? O que significa exatamente isso de ela não me querer? Ela não me quer definitivamente ou não me quer hoje? Ou ela me quer sim, mas há todo tipo de obstáculos no caminho? Quando me recusam, não sinto que fui derrotado. Não estou falando com você agora sobre sexo, estou falando com você sobre amor, mas isso vale também para o sexo.

Com o correr dos anos aprendi também que, quando se faz algo maravilhoso, isso tem algo em comum com fazer uma surpresa a uma criança. É um prazer fazer uma surpresa a uma criança. E isso vale para o amor e vale para o sexo. Você consegue fazer algo que se parece um pouco com uma surpresa para uma criança — a mim, pelo menos, isso me leva ao sétimo céu. E não faz diferença se estou fazendo uma surpresa ou sendo surpreendido. É maravilhoso estar em qualquer das extremidades da surpresa.

Eu te contei que durante toda a minha infância cresci como um analfabeto em erotismo, cheio de preconceitos. Eu era como milhões de homens por aí afora, que adoram sexo mas odeiam as mulheres. Milhões de homens assim andam pelo mundo, suados, resfolegando, caminhando pelas ruas com a língua de fora. Eu os encontro o tempo todo; na fila do posto de saúde e nos exercícios de reservistas do Exército eles me cercavam por todos os lados. Tudo que tinham para me dizer era como é boa uma trepada e como mulher é uma coisa horrível. Todas as piadas deles eram sobre esses dois assuntos, com variações. Quantas piadas e anedotas e histórias e bazófias de alcova... Mais e mais uma vez, como arrombar o cofre, e como logo depois disso se livrar rapidamente do cadáver. Não quero me gabar de que de repente virei uma espécie de rabi Akiba do amor, que até os quarenta anos de idade era um ignorante total e veja só o que saiu dele.* Minha

---

* Akiba era pastor de ovelhas, analfabeto, e casou com a filha do dono dos rebanhos. Aos quarenta anos de idade foi estudar na escola junto com seu filho de

história não é sobre isso. Sobre o que é, então? Sobre uma curiosidade infatigável. A curiosidade é uma mina de ouro sensorial. É também uma qualidade erótica maravilhosa. Curiosidade.

Na sua opinião, qual é a qualidade mais erótica, no homem e na mulher?

Para mim, a qualidade mais encantadora, mais atraente, tanto no homem quanto na mulher, é a generosidade. Não importa o quanto erramos nesse aspecto quando éramos jovens. Hoje eu sei que não existe parceira mais atraente do que uma mulher generosa, e me parece que tampouco existe parceiro mais atraente do que um homem generoso. Não tenho em meu tesouro de presentes um presente mais bonito a oferecer à minha parceira do que generosidade, curiosidade e imaginação erótica insaciável, e não há presentes mais bonitos que possam me dar do que curiosidade insaciável, uma generosidade afluente e uma rica imaginação.

Talvez eu já tenha dito isso para você em outro contexto. A meu ver, no amor, no erotismo, no sexo, não ocorre que quanto mais você investe, mais você recebe. Então o que é que acontece? Talvez isto: o dar é o receber. Isto é, o que você oferece antes da cama, na cama, ou sobre o tapete, ou sobre o mármore na cozinha, ou sobre uma jangada no rio, ou de pé no escuro do vão da escada, esses presentes que você dá não são um investimento que logo o recompensam porque você recebe sete vezes mais, ou 77 vezes mais, ou porque ele é indexado e com juros. É o contrário total de tantos outros setores na vida. É o oposto das leis do mercado, o oposto da permuta, do escambo, é até mesmo o oposto da maioria dos arranjos de reciprocidade existentes entre as pessoas,

---

cinco. Depois, com o incentivo da esposa, Rachel, ingressou em academias rabínicas, nas quais passou 24 anos. Tornou-se um dos maiores sábios em religião judaica — senão o maior —, chegando a ter 24 mil alunos.

que são arranjos do tipo dar e receber, de trabalho em equipe, de divisão de atribuições e missões. Mas para mim isso faz com que o erotismo se pareça cada vez mais com a criação de filhos. Pois criar filhos é exatamente assim: o ato de dar é o ato de receber. Dar significa enriquecer. E eu estou tentando dizer algo sobre o grande milagre que é a anulação dessa brecha que parece que a própria natureza colocou entre uma pessoa e outra. Uma espécie de invasão arrombando a muralha da China. Talvez a expressão mais bela no mundo para a relação sexual seja exatamente o termo bíblico "conhecer". Tão longe tanto de "transar" quanto de "ficar". Longe também de belas adormecidas e de cavaleiros montados em cavalos brancos. Um homem que vem e conhece uma mulher, e uma mulher que é conhecida por um homem e também o conhece. Tanto assim que o ato comum dos dois já não é mais o cruzamento de dois atos, nem mesmo é mais a fusão de dois corpos, e sim um ato de amor. É isso. Este é o meu refrão.

Desculpe se o que eu disser for banal, mas no fim das contas sua versão do erotismo é muito, muito próxima do amor.

Isso que você disse não é nem um pouco banal. Porque pode haver todo tipo de gradações do erotismo no mundo, todo tipo de ruelas e todo tipo de passagens, avenidas e ruas de mão única, e também armadilhas, mas o melhor lugar em toda a grande cidade do erotismo é o amor.

Amós, você é um romântico.

Pode ser que sim. No sentido de que acredito que entre duas pessoas pode às vezes acontecer um milagre. Não só acredito, eu sei, já vi isso. Isso aconteceu comigo. E se quem acredita nisso é um romântico, então a resposta é: sim, eu sou. E não ser romântico é não acreditar nisso e pensar que na verdade o erotismo é uma espécie de negociação, de dar e receber — bem, muitas vezes é realmente uma negociação mais ou menos exitosa, uma negociação de trocas, ou maravilhosa, ou razoável ou fracassada. Mesmo aquilo que considero ser a coisa mais maravilhosa no erotismo, é impossível chegar a ela sem uma negociação erótica. Está bem. Mas sabe o quê? Às vezes é bom não esquecer que essa negociação é afinal apenas uma escada. Se isso é romantismo, então sou romântico. Sim. E acho que você também é. Assim me parece.

3. Um quarto que é só seu

Quero perguntar sobre seu sobrenome, que você mudou de "Klaus-
ner" para "Oz" quando saiu da casa de seu pai e foi viver no kibutz,
com catorze anos e meio de idade. Você escreve sobre isso resumida-
mente em De amor e trevas. *Por que escolheu o nome Oz?*

Não me lembro exatamente, mas talvez, quando percebi que
ia sair de casa, ir para o kibutz, *oz*, força, era isso que mais estava
me faltando. Foi como saltar à noite do trampolim para a piscina
sem saber se tinha ou não tinha água. Este nome, Oz, foi um pouco uma espécie de *wishful thinking*. Além disso, talvez — não tenho certeza do que estou te dizendo agora, pois na verdade já se
passaram mais de sessenta anos —, talvez também porque as duas
letras centrais na escrita hebraica desse nome, Klausner, se pare-
ciam um pouco com Oz. Talvez, mas não tenho certeza. É o nome
que um garoto de catorze anos escolheu, como se assobiasse no
escuro. Hoje não escolheria para mim um nome tempestuoso como esse.

Seria interessante saber que nome você escolheria hoje.

Um nome muito mais tranquilo. E até mesmo um pouco rotineiro: Oren. Gal. Even. [Pinheiro. Onda. Pedra.]

Amós Oren. Amós Gal. Talvez você fosse outro homem e outro escritor se seu nome fosse outro. E a decisão em si mesma de mudar o nome, ela estava clara para você?

Sim. Clara e precisa. Foi quando decidi que eu ia cortar e sair de casa, e que não queria ser deles. Nem do professor famoso e conceituado, nem daquele que tanto queria ser professor. Não quis ser parte deles. Só fiquei com pena do avô Alexander. Não queria magoá-lo.

Em 1970 você escreveu: "Abandonei o nome dos Klausner só porque pensei comigo mesmo: se um jovem começa a escrever, melhor que caminhe com suas próprias pernas — e não que seja carregado para a literatura sobre ombros de gente grande". Ou seja, você associou a mudança de nome à escrita, à necessidade de criar para si um lugar como jovem escritor. E hoje você dá uma explicação um pouco diferente, mais profunda, talvez. Você se lembra de como eles reagiram? Seu pai e o tio dele?*

Sim. Foi muito difícil para meu pai. Ele sofreu muito. Ele me disse: Amós Klausner, um nome desses não se joga fora. Você é filho único. Nessa altura eu ainda era filho único. Meu primo, Daniel, que os nazistas assassinaram, já não existia mais, e tio Joseph não tinha filhos, e o tio Betsalel já tinha mudado seu nome para Elitsedek. Então, quem sobrou? Só você, ele me disse. Não

---

* Joseph (Yossef) Klausner, tio-avô paterno de Amós Oz, foi historiador, professor de literatura hebraica na Universidade Hebraica de Jerusalém, redator-chefe da *Enciclopédia Hebraica*. Sua importância intelectual fez dele candidato a ser o primeiro presidente de Israel, mas o escolhido foi Chaim Weizmann.

foi fácil. Nem para mim. Doeu em mim o que ele disse, que não restava ninguém para carregar o nome Klausner. Depois disso meu pai se casou e teve minha irmã Marganita e meu irmão David, mas eu tinha mudado o nome ainda antes de ele se casar.

E alguma vez se arrependeu disso?

Não. Mas na época em que escrevi *De amor e trevas* fiz uma retificação. Pois agora quem quiser pode saber qual era o nome antes de Oz. Foi uma meia retificação. Mas não, não me arrependi em nenhum momento. Quando fui para o kibutz disse que este era o meu nome, e quando tinha dezesseis anos e dois dias viajei para Ramle a fim de tirar minha carteira de identidade no escritório do Ministério do Interior, e me registrei com o novo nome.

Mas no kibutz o chamavam assim ainda antes disso.

Sim.

Você simplesmente disse que esse era seu nome?

Sim. Acho que no kibutz eles nem sabiam. Com exceção do diretor de lá, Oizer Huldai, que tinha os documentos. Pedi a ele que não contasse para os outros meninos, e eles não ficaram sabendo meu sobrenome. Mas descobriram, não sei como, que eu era de uma família de revisionistas.* Isso eles souberam, e foi o

---

* Os chamados "revisionistas" eram a ala direita do movimento sionista e formaram o principal partido de direita israelense, primeiro o Herut, depois Likud. A maioria dos kibutzim fazia parte de movimentos sionistas de esquerda ou centro-esquerda. O Mapai, Partido dos Trabalhadores de Israel, foi, dentro da ala esquerda do movimento sionista e do Estado de Israel, o que estava mais à direita; foi o partido de Ben-Gurion, que dominou o Parlamento e o governo até 1977, quando o Herut de Menachem Beigin ganhou as eleições. O partido sionista à esquerda do Mapai era o Mapam, Partido Unido dos Trabalhadores, formado pelo Hahomer Hatzair (mais à esquerda) e o Achdut Avodá, grupo que

que bastou para que alguns começassem a suspeitar que eu era uma espécie de quinta-coluna, que talvez tivesse vindo para espionar. Isso realmente não foi justo, pois eu era o mais esquerdista em Hulda. Posso te revelar um segredo: em Hulda, nas eleições, o kibutz inteiro sempre votava na lista Alef, do Mapai, e todo mundo se orgulhava muito disso, que Alef tinha 100% dos votos. Logo após a contagem dos votos, à noite, anunciavam no quadro de avisos: "Também desta vez *Alef* teve aqui 100% dos votos". Foi assim até as eleições de 1960. Nas eleições de 1960 houve um grande escândalo em Hulda, pois na contagem dos votos acharam de repente um voto no Mapam. Viraram o kibutz de cabeça para baixo para descobrir quem fora o traidor. E não descobriram. Suspeitaram de Elioshka, de Honzo, mas tinha sido eu. Foi a primeira vez que tive o direito de votar e simplesmente os traí e votei no Mapam, e não revelei isso a ninguém. Eu era uma espécie de quinta-coluna. Hoje eles já não estão conosco, os veteranos de Hulda. Se soubessem disso eles me matariam. Na primeira vez que votei, votei no Mapam, e depois nos outros partidos que foram vindo: Sheli, Moked, Shulamit Aloni, Merets. Não votei no Mapai uma única vez na vida. Durante quase quarenta anos Shimon Peres e eu fomos amigos, mas nunca votei nele nem no partido dele. E ele sabia disso.

Quando chegou ao kibutz, em sua juventude, você também decidiu parar de escrever histórias.

Comecei a escrever histórias quando era menino. Ainda antes de me ensinarem a escrever eu inventava e contava histórias,

---

depois se desligou para formar outro partido. As três principais associações de kibutzim se identificavam majoritariamente com o Mapai, com o Achdut Havodá ou com o Mapam. O Mapam, em que Oz votou, era o mais esquerdista dos partidos sionistas. A lista que Oz menciona mais adiante corresponde a partidos sionistas de esquerda, formados ao longo dos anos de existência de Israel.

pois isso era a única coisa que eu tinha: não era alto, não era atleta, não era bom aluno, não sabia dançar nem fazer todos rirem. O único recurso que eu tinha para impressionar as garotas era contar histórias. Eu inventava histórias e as contava em série. Os garotos — até mesmo as garotas — se reuniam para ouvir minhas histórias, pois eu punha nelas muito suspense, muita ação e violência. E às vezes até um pouco de romance. Ainda como menino em Jerusalém, no jardim de infância de Pnina, nos recreios eu ficava contando histórias de suspense em episódios em série para as crianças do jardim, meninos e meninas. Depois, na escola Tachkemoni, em todo recreio se formava à minha volta um círculo de garotos, mesmo aqueles que antes ou depois da história batiam em mim. Por que não bateriam? Talvez por eu falar tão bonito assim, e isso os deixava nervosos.

Depois, foi lá que comecei a escrever, na sala dos fundos da Casa de Cultura do kibutz. Foi uma grande aflição, pois eu tinha saído de minha casa em Jerusalém para me desligar de todo esse mundo de livros e de escrita. Quando saí da casa de meu pai eu disse: acabou, não quero escrever. Não quero ser escritor, não quero escrever histórias, quero ser um tratorista bronzeado e alto. O mais importante para mim era ficar muito queimado de sol e muito, muito alto, de modo que talvez as garotas finalmente prestassem atenção em mim também.

E nisso você fracassou. Não me refiro ao bronzeamento ou à estatura, e sim à decisão de não contar histórias.

No fim até que consegui me bronzear um pouco, mas ser mais alto… isso foi um fracasso total. Quanto a escrever histórias, o ímpeto foi mais forte do que eu. Mais forte do que a vergonha. À noite eu ia para aquele quarto dos fundos, o quarto de estudos na Casa de Cultura, na extremidade do kibutz, os garotos iam jogar basquete, ou se divertir com as garotas, e eu não tinha a menor chance nem no setor do basquete nem no setor das garotas, então eu ficava lá sozinho nesse quarto dos fundos da Casa de Cultura e escrevia todo tipo de poemas. Eu tinha quinze ou dezesseis anos e muita vergonha. Assim como me envergonhava por me masturbar, me envergonhava por estar escrevendo. O que é isso? O que está fazendo? Ficou maluco? Você prometeu agora há pouco para você mesmo que acabou, que nunca mais vai fazer isso, então o que foi que deu em você de repente? Outra vez? Até quando? Mas não consegui parar. Na verdade, lá naquele quarto dos fundos eu já me despedi da poesia e comecei a tentar escrever prosa. Foi Sherwood Anderson quem libertou minha mão para escrever, mas já contei isso, acho, em *De amor e trevas*.

Quando estava no Exército comecei a publicar histórias na revista *Keshet*, com Aharon Amir. Acho que lhe enviei uma primeira história, e ele não aceitou. Depois enviei outra história, e ele me escreveu um cartão com quatro palavras: "Parabéns, mandei para impressão". Por causa desse cartão, eu sempre chamei Aharon Amir — quando ele era vivo e agora também que ele já morreu — eu sempre o chamei de "meu fundador e primeiro editor" (porque no *Davar*, até o jornal acabar, estava sempre escrito embaixo do nome do jornal: "Fundador e primeiro editor, Berl Katzenelson"). Aharon Amir é meu fundador e primeiro editor.

Uma das minhas primeiras histórias publicadas na *Keshet* foi "Derech haruach" [O caminho do vento], história de um paraquedista que aterrissou em cima de fios de eletricidade. Baseava-se um pouco numa tragédia que ocorrera nos campos do kibutz Hulda, durante uma demonstração de paraquedismo no Dia da Independência. Três ou quatro anos após a publicação, "Derech haruach" foi incluída de repente pelo Ministério de Educação no programa de exames finais do ensino médio. Eu fiz uma prova final externa, quando estava no Exército. Se fosse alguns anos mais tarde, talvez tivesse caído alguma questão sobre essa história. É de supor que eu não passaria na prova.

Escrevi uma história, e mais uma história, e mais outra. E recebi duas ou três cartas que me ajudaram um pouco a superar o temor de que talvez eu não valesse nada. Dalia Ravikovitch, que eu não conhecia, escreveu uma carta bem do jeito dela, de aquecer o coração, que começava com as palavras: "Dizem que você é uma pessoa extraordinariamente jovem". Por causa de seus poemas e por causa dessa carta eu me apaixonei um pouco por ela, e isso ainda antes de conhecê-la. Mas lembro que recortei do suplemento literário um retrato dela e o pus entre as páginas de meu exemplar de *Ahavat tapuach hazahav* [O amor da laranja]. (Intimamente, eu chamava Dalia Ravikovitch de *Tapuach Zahav*, laranja, e não de *Tapuz*, de forma alguma *Tapuz*, e sim *Tapuach Zahav*.)* Mas eu nunca lhe disse que era um tanto apaixonado por ela, e nunca lhe disse que ela era uma laranja.

Quando foram publicadas minhas primeiras histórias, há mais de cinquenta anos, fui até a secretaria do kibutz e disse: peço um dia por semana para escrever. Irrompeu ali uma discussão muito grande e muito dura. Não foi uma discussão entre pessoas ruins e pessoas boas, ou entre pessoas esclarecidas e pessoas obtusas. Os que se opuseram a meu pedido tinham dois argumentos: um, todo mundo pode dizer que é artista. E quem vai ordenhar as vacas? Um vai querer fotografar, outra vai querer dançar, outro mais vai querer esculpir, e outra mais vai querer fazer filmes de cinema, e quem vai ordenhar as vacas?

Além disso, me disseram, com razão, a comissão da secretaria do kibutz Hulda não dispõe de nenhum instrumento para verificar quem realmente é artista e quem não é. Se dermos a Amós tempo para criação artística, teremos de dar para todo mundo que pedir. Não temos nenhum instrumento para estabelecer al-

---

* Em hebraico, laranja é *tapuach zahav*, literalmente "maçã dourada", mas usa-se geralmente a forma sintética *tapuz*, na qual se perde a noção de "dourada".

guma gradação. Era um argumento muito sério. Eu não tinha como rebatê-lo. Eu não podia, ali na reunião, bater com os dois punhos no peito, como um gorila macho, e dizer: "Não, mas eu sou especial, não sou como todo mundo". E havia ali também uma pessoa velha — e quando digo velha estou me referindo a quarenta anos de idade, ou 45, pois nós chamávamos todos os fundadores de velhos, e eles mesmos se chamavam de velhos. Chamava-se David Ofer. E ele disse — não esqueço isso — ele falou assim: "O jovem Amós, talvez seja um novo Tolstói. Mas o que ele já conhece da vida aos 22 anos? Não conhece nada. Nada. Que trabalhe conosco nos campos mais vinte, 25 anos, e então — por favor, que escreva para nós *Guerra e paz*". Era um argumento e tanto. Até hoje não tenho certeza absoluta de que não havia algo de verdade em suas palavras.

Houve deliberações, houve contestações, no fim a questão foi levada à assembleia do kibutz, e ali eles me concederam um dia por semana, contanto que me comprometesse a trabalhar redobrado nos outros dias. Assim, ganhei um dia por semana para escrever. Nos outros dias eu trabalhava na *falcha*.* Depois fui professor no ensino médio, que nós chamávamos de "classes de continuação".

O livro *Meu Michel* eu escrevi no banheiro. Pois na época morávamos em unidades residenciais de um dormitório e meio, com um banheiro do tamanho de um banheiro de avião. E metade das noites eu não dormia. Escrevia no banheiro e fumava até meia-noite, uma hora, o quanto eu aguentasse. Sentava na tampa fechada da privada, com um álbum de Van Gogh que ganhamos como presente de casamento sobre os joelhos, um bloco em cima do álbum, uma esferográfica Globus em uma das mãos, um cigar-

---

* Plantações de grãos e afins nos campos do kibutz.

ro aceso na outra, e assim foi escrito *Meu Michel*. Pelo menos a maior parte do livro.

Mais de uma vez, quando pessoas me dizem que vão viajar para um lugar que lhes sirva de inspiração para escrever um livro, um lugar com montanhas ou lagos ou florestas à beira do oceano, eu me lembro do nosso minúsculo banheiro em Hulda. Quando *Meu Michel* foi publicado, eu me enchi de coragem, fui de novo à secretaria do kibutz e disse: peço mais um dia na semana para escrever, que sejam dois dias. Novamente houve um grande debate, teve discussão, as pessoas disseram: "É um precedente perigoso", e disseram: "Outros também vão querer", mas como o livro já rendia algum dinheiro, os membros da secretaria disseram: bem, digamos que acrescentamos um novo setor à nossa economia, que seja. E ganhei mais um dia na semana para escrever. Depois foi publicado mais um livro, e mais outro, houve mais renda para o kibutz — por fim recebi três dias para escrever, era o teto. Fiz uma anexação progressiva — não de territórios, e sim de tempo. Três dias para escrever e três para ensinar na escola secundária, mais turnos em serviços, "mobilizações" e guarda noturna, e nas férias, eu ia para cima de um trator, nas plantações, ou ia para o pomar de árvores frutíferas.

E você ainda escrevia sentado na tampa da privada?

Não. Mais ou menos em 1975, quando tinha 36 anos, ganhei da secretaria do kibutz Hulda um pequeno quarto de trabalho. Alguns meses antes disso tinha morrido uma *chaverá** solitária chamada Guiza, vinda da Polônia, na verdade da Galícia polonesa, e que nunca se casara nem tivera filhos. Guiza era uma mulher

---

* Palavra de muitos significados possíveis: amiga, namorada, companheira, colega, camarada, parceira, coparticipante, membro de alguma instituição. No masculino, *chaver*; plural, *chaverim/chaverot*.

elegante, discreta, tinha um cabelo grisalho curto e bem tratado e um olhar penetrante por trás de óculos quadrados. O comitê de moradias me deu os móveis monásticos de Guiza para eu aproveitá-los no meu quarto de trabalho. Guiza gostava muito de mim. Vinha assiduamente a meu grupo de literatura toda quarta-feira à noite. Uma vez até tricotou uma suéter para mim e também me deu de presente um pequeno desenho original, uma aquarela tristonha de algum pintor polonês romântico. Ela também me contou alguns de seus segredos, com a condição de que jurasse não contar a ninguém e não escrevesse nada sobre isso, e se escrevesse, que eu jurasse que ia mudar os nomes e os detalhes, para que ninguém no mundo soubesse que a história era sobre ela. Na verdade, ela esperava que eu escrevesse a história sobre ela. Só que camuflada. Porque, por um lado, ela tinha muita vergonha de que alguém soubesse que duas vezes tivera "algo" com um homem casado, e por outro tinha medo de que dentro de alguns anos não restasse lembrança alguma de sua vida, que ninguém no mundo inteiro soubesse que ela uma vez tinha existido, sofrido, amado, e até sonhado sonhos. Ela era uma mulher solitária e eu, de fato, era seu herdeiro. Embora no kibutz seja proibido deixar heranças.

Toda a vida, mulheres velhas e solitárias gostaram de mim. Eu realizava noites literárias em Hulda uma vez por semana. *Tmol Shilshom* [Ontem anteontem], por exemplo, eu lia trechos do livro e explicava, lia e explicava, e os idosos vinham, Guiza vinha e era a mais entusiasmada, pois o livro é sobre a Galícia e despertava nela lembranças e sentimentos. Uma vez Guiza me disse: "Eu aceitaria ser sua mãe e talvez até aceitasse ser sua *chaverá*. *Chaverá* no sentido bonito da palavra, não no sentido feio, você com certeza compreende isso". Eu compreendia, mas não acreditei completamente na última parte.

Quando Guiza morreu, ela na verdade não deixou um testamento, mas estava claro que eu poderia usar os móveis dela. Aliás, esses móveis foram comigo para Arad e estavam em meu gabinete de trabalho até deixarmos Arad. A mobília de Guiza: seu sofá e duas poltronas. Móveis da época do racionamento.* Da década de 1950. Móveis que traziam o carimbo do Departamento de Provisão e Cotas. E foi assim que eu tive um quarto para escrever.

E com o tempo, seus livros começaram a render dinheiro para o caixa do kibutz.

Uma vez veio me procurar o encarregado do setor de produção do kibutz, Oded Ofer (filho de David Ofer, que dissera na reunião da secretaria que talvez aos quarenta anos eu viesse a ser um novo Tolstói, mas por enquanto ainda era jovem demais para ser escritor). Oded Ofer disse que examinara as contas e que as entradas provenientes de meus livros eram bastante boas. Ele perguntou delicadamente se não seria o caso de escalar para me ajudar dois *chaverim* mais velhos que já não estavam aptos para o trabalho físico, ele não sabia exatamente como eu trabalhava, mas talvez isso pudesse ampliar em alguma medida a produção. Ou não? E eu lhe disse: "Oded, veja só, eu ainda sou jovem e saudável, quem sabe você introduz nesse setor três veteranos e me escala para a *falcha*?".

Quando deixamos Hulda, o kibutz disse: Nili e Amós não vão receber a ajuda regulamentar para quem abandona o kibutz, pois Amós está levando com ele todo um setor da economia do kibutz. Pedimos uma arbitragem. A secretaria do kibutz Hulda alegou: "Nós o nutrimos, nós lhe demos tempo para escrever, nós

---

* Em hebraico, *tsena*. Nos primeiros anos do Estado de Israel havia falta de muitos artigos, inclusive alimentos. Os produtos racionados eram acessíveis para compra mediante cotas representadas por tíquetes.

o mandamos para a universidade, nós investimos nele, agora ele nos deixa junto com o setor que ele representa — está bem, não temos reclamações, mas do dinheiro ele terá de abrir mão". O bônus quando alguém deixava o kibutz após trinta anos era uma quantia considerável, talvez 100 mil shekels [cerca de 27 mil dólares americanos], e nós não tínhamos um vintém. Nada. E já tínhamos, os dois, quase cinquenta anos de idade. Eu disse: não. Porque realmente tinha recebido muitas coisas de Hulda, dias para escrever e um quarto para trabalhar, e sou grato por tudo, mas a mão que escreve eu não recebi de Hulda, e além disso este setor de trabalho não é semelhante aos demais, pois em épocas de sobrecarga os outros setores organizavam mobilizações gerais para trabalho emergencial, os *chaverim* se voluntariavam para trabalhar horas extras na colheita de frutas, no desbaste em campos de algodão, ou na colheita do algodão, mas no meu setor nunca houve mobilizações. Quando eu adoecia, ninguém me substituía, e quando trabalhava horas extras, ninguém anotou isso como crédito meu. Além do mais, se a escrita de livros é um setor da economia do kibutz — então tudo bem, estou absolutamente disposto a trabalhar dois meses de transição com quem o kibutz determinar que seja meu substituto no setor. No fim, o árbitro decidiu por uma solução de compromisso, que Nili recebesse a parte dela da indenização, que culpa ela tinha? Mas que eu abrisse mão. Nós nos despedimos do kibutz Hulda amigavelmente. Não houve briga, nem litígio, nem tribunal. Nós nos separamos fazendo concessões mútuas. Mas no kibutz existe toda essa questão em torno de pessoas criativas — sei que houve problemas semelhantes com escultores e com pintores que criavam suas obras no kibutz. Havia um problema concreto em relação à propriedade intelectual. Não sei se hoje isso já está resolvido. A quem realmente pertence a propriedade intelectual quando o criador é *chaver* de um kibutz?

Os direitos sobre os livros que você escreveu ficaram com você, obviamente.

Os direitos são meus, sim. Eu poderia, é claro, declarar voluntariamente que doava todos os royalties ao kibutz Hulda, mas acho que isso não seria justo.

Por que, na verdade, vocês saíram?

Porque Daniel estava sufocando, literalmente sufocando no kibutz. O que nos obrigou a fugir foi o que as oliveiras e as pulverizações com agrotóxicos estavam fazendo à asma de Daniel. Depois, em Arad, Daniel adotou um gato, e quando fomos consultar um especialista em alergias de Arad, e esse médico soube que tínhamos um gato em casa e que ele dormia na cama com Daniel, ele ficou estarrecido e lhe disse: isto não é possível. Daniel tinha sete anos, e o médico pensava que ele ainda não entendia inglês, então disse: *You have to choose, either the cat or the little boy.* Houve um silêncio, e no fim Daniel disse: *Keep the cat, keep the cat.*

Deve ter sido apavorante sair do kibutz quase sem nada.

Foi como pular de um trampolim para a piscina no escuro, sem saber se havia água na piscina.

Interessante, foi a mesma imagem que você usou para descrever sua saída da casa paterna, com catorze anos e meio.

Shira, se eu tivesse de dar a este livro um título alternativo, seria possível chamá-lo de *A história de um saltador contumaz em piscinas vazias.* Fizemos uma hipoteca, tomamos empréstimos e compramos essa casa em Arad; na época, em Arad, não foi muito cara, e nos primeiros anos eu trabalhei em quatro empregos para ganhar dinheiro. Aos 47 anos de idade começamos o que os jovens geralmente começam logo depois de sair do Exército. Éramos um pouco como um casal de novos imigrantes da Coreia do

Norte: aos 47 anos, pela primeira vez assinei um cheque e pela primeira vez fiquei espantado com a curtição que é tirar dinheiro de verdade direto de uma parede usando um cartão de crédito.

Que quatro empregos foram esses?

Foi assim: eu dava aula na universidade em Beer Sheva como professor convidado, e ensinava no Instituto Sapir como professor convidado, e escrevia um artigo semanal, às vezes dois, para Chana Zemer, no jornal *Davar*, e fora isso viajava três noites por semana para dar palestras remuneradas em tudo quanto é lugar no país. E durante um mês por ano viajava para a América a fim de dar palestras, e pagavam muito bem por essas palestras. Foram alguns anos difíceis e assustadores, estávamos quase na pobreza. Mas eu só tinha 47 anos, tinha força, e aos poucos pagamos a hipoteca sobre a casa em Arad. Depois, sem que eu tivesse pedido, um dia a Universidade Ben-Gurion me enviou uma carta informando que eu agora era professor do quadro da universidade, e não professor convidado.

Você diz que saíram do kibutz — na verdade fugiram — porque foram obrigados a isso. Mas assim mesmo, ficaram satisfeitos por terem saído?

Nili mais, eu menos. Para Nili e as crianças não estava bom no kibutz. Comigo estava tudo bem, eu tinha alguns amigos lá, e achava aquilo interessante. Também acreditava nas ideias do kibutz e ainda acredito na versão mais moderada de algumas delas. Mas hoje sei que as Casas de Crianças eram lugares terríveis. A verdade é que sabia disso já naquela época, mas eu reprimia esse pensamento. Se pudesse voltar atrás e começar de novo, deixaria o kibutz muito antes. Ainda antes da asma de Daniel. Deixaria porque para minhas filhas não era bom viver nas Casas de Crianças. Nili tampouco estava bem no kibutz.

Sem querer entrar na vida particular de seus filhos, você pode dizer mais alguma coisa sobre isso?

Em meu livro *Entre amigos* há uma história mais reveladora do que tudo que eu possa te dizer. Essa história intitula-se "Um menininho". A Casa de Crianças coletiva era um lugar darwinista. Os fundadores e as fundadoras do kibutz pensavam, como Rousseau, que o homem nasce bom e só as circunstâncias é que o estragam. Eles acreditavam, como a Igreja cristã, que crianças inocentes são na verdade uns anjinhos que não provaram o gosto do pecado, e a Casa de Crianças kibutziana seria um paraíso de afeição e simpatia e generosidade. O que sabiam eles, os fundadores do kibutz? Nunca tinham visto crianças na vida. Eles mesmos eram crianças. O que sabiam do que acontece quando se deixa as crianças sozinhas? Basta ficar cinco minutos junto à cerca de um jardim de infância para saber de uma vez por todas que isso devia ser proibido. Eles desenvolveram toda uma teoria de que as crianças só veriam umas às outras, e isso evitaria que imitassem os aspectos negativos dos pais. Mas durante as noites, depois que os adultos lhes davam boa-noite e iam embora, a Casa de Crianças tornava-se às vezes a ilha isolada do livro *O senhor das moscas*. Coitados dos mais fracos. Coitados dos mais sensíveis. Coitados dos mais estranhos. Para eles era um lugar cruel.

Me envergonho de ter permitido que meus filhos crescessem em Casas de Crianças no kibutz. Minhas filhas Fania e Galia. Daniel aos seis anos já tinha saído do kibutz, e na verdade já com dois anos passou a morar, como todas as crianças de Hulda, com os pais, no que chamamos de "pernoite em família". E me arrependo e me envergonho ainda mais pelo fato de que, quando os importunavam, eu não tinha a coragem de me intrometer e de comprar brigas para defendê-los. Pensava que kibutz não era lugar para essas coisas. Além disso eu sofria de uma terrível falta de segurança, pois eu tinha sido uma criança de fora, não era de lá.

Eles me acolheram quando eu cheguei de um lugar muito triste e me deram um lar quando eu não tinha um, e por isso, mesmo quando já era pai, eu sentia o tempo todo que tinha de me comportar melhor do que todos.

Mesmo naquelas circunstâncias.

Sim. Eu sabia muito bem o que acontece nas Casas de Crianças com quem é um pouco mais fraco, com quem sai um pouco da regra geral. Sabia a partir de minha própria experiência. Não posso me esconder atrás do pretexto de que não sabia o que acontecia lá, pois tudo isso aconteceu comigo. Talvez de forma ainda pior do que o que houve com minhas filhas. Eu era um "garoto de fora" e levava pancadas sem fim. Eles me batiam por serem bronzeados e eu branco, me batiam porque eu não jogava basquete, porque escrevia poemas, porque falava bem, porque não sabia dançar, e também levava o que no Exército chamam de "contragolpe antecipado" pelo fato de que um dia eu abandonaria o kibutz. Os dois garotos com quem eu dividia o quarto, que acabaram abandonando o kibutz muito antes de mim, batiam em mim todo dia porque estava absolutamente claro que eu não ficaria no kibutz.

Isso é terrível.

Eu nem mesmo sou capaz de olhar nos olhos de minhas filhas e dizer que não sabia o quanto era ruim para elas. Porque eu sabia. Se eu pudesse voltar atrás no tempo, sairia do kibutz muitos anos antes. Apesar de que aquele kibutz até me fascinava no aspecto ideológico e humano — já te falei sobre isso. O kibutz era para mim um tesouro cheio até as bordas, pois talvez seja a melhor universidade para estudar a natureza humana. Mas foi egoísmo meu permanecer lá. A verdade é que eu também tinha um medo terrível de sair, pois não tínhamos nada, nem um centavo.

Nem de meus pais, nem dos pais de Nili, e na verdade não tínhamos nem mesmo profissões. Eu era professor de ensino médio sem autorização para ensinar, pois não tinha estudado pedagogia. O que poderia fazer? Nili talvez pudesse ser bibliotecária, e eu professor em algum lugar que me aceitasse mesmo sem certificado de professor. Tínhamos medo. Eu não sabia então que um dia escreveria livros que renderiam dinheiro. Não sabia. Nem mesmo sonhava com isso. Tinha medo de não encontrar um jeito de sustentar minha família. Hoje acho que talvez devesse ter ousado sair muito antes.

Entre abandonar o kibutz e não intervir no que acontecia, existe alguma margem de manobra.

Às vezes eu intervinha. Mas isso não ajudava muito. Eu não era corajoso o bastante. Tinha medo de brigas e enfrentamentos com outros pais.

E também isso não era comum na época. Os pais não intervinham.

Os pais não intervinham. Veja, havia alguns que sim. Havia pessoas mais agressivas do que eu e do que Nili que intervinham e faziam um escândalo com a cuidadora e escândalos no comitê educacional. Que história é essa, fizeram assim e assado com meu filho, fizeram isso com meu filho, isso não pode acontecer. Eu não agi assim, não fiz nada parecido. Deveria ter feito, mas não fiz.

As nossas conversas estão desenhando um quadro bastante sombrio da ideologia kibutziana, principalmente de como ela se realizou.

No DNA do israelismo restaram alguns genes do kibutz, que na minha opinião são genes bons. Você se lembra de Stanley Fischer, que foi presidente do Banco de Israel? Ele contou uma vez que voou com sua mulher, Rhoda, para um fim de semana de descanso em Chipre. Duas e meia da manhã, lá estão Stanley e

Rhoda Fischer, de pé, cansados, junto à esteira no aeroporto em Limassol, esperando a mala. Um passageiro israelense os aborda educadamente. "Com licença, meu senhor, o senhor é o presidente do Banco de Israel?" Sim, ele responde. "Onde é que vale a pena trocar dinheiro? No aeroporto ou amanhã de manhã no banco?" Gosto muito dessa história. As pessoas me perguntam do que eu gosto em Israel. Gosto disso. Ele não ofendeu Stanley Fischer, não foi mal-educado. Mas ele sabia que Stanley Fischer trabalhava para ele. Isso não aconteceria com o presidente do Banco da França ou da Alemanha. Este é o gene que os kibutzim e os movimentos juvenis ligados aos kibutzim transmitiram à sociedade israelense, e talvez ainda continuem a transmitir. Eu gosto disso. Do anarquismo, da direiteza, do atrevimento, da abertura, da ausência de hierarquias, do "ninguém vai me dizer o que devo fazer". Esta é a dádiva do kibutz, daquela época, das primeiras *aliot*.* Eu sei, é claro, que atualmente estão abatendo vacas sagradas. Quando escrevi *Artsot hatan* [Terras do chacal], quando fiquei contra Ben-Gurion no caso Lavon,** estava cheio de júbilo com o abate das vacas sagradas: o éthos do kibutz, o mito dos "pais da nação" etc. Mas hoje, quando vejo todo um enxame de magarefes se atirando com entusiasmo sobre uma vaca velha, sobre o kibutz, sinto de repente que já estou um pouco do lado da vaca. Não porque eu a cultue; ainda me lembro muito bem dos coices e também do fedor. Mas pelo menos ela dava um leite que não era nada mau.

---

* Plural de *aliá*, literalmente "subida". Refere-se à imigração de judeus para a Palestina, depois para Israel. Houve grandes levas de *aliá* a partir do final do século XIX, que são chamadas cronologicamente de primeira *aliá*, segunda *aliá* etc.
** Em 1954 o serviço secreto de Israel organizou ataques no Egito para evitar que os ingleses se retirassem de Suez. Foi um fiasco, agentes foram presos e a origem dos ataques descoberta. O ministro da Defesa, Pinchas Lavon, foi alvo de duras críticas, principalmente de Ben-Gurion, e renunciou.

Nos últimos anos muitos kibutzim estão se desmembrando ou se privatizando. Você acha que o kibutz está prestes a desaparecer?

Não. Existem hoje pelo menos cem kibutzim ainda como coletivos que não se privatizaram e não se transformaram em bairros com jardins. Na maioria dos kibutzim continua a haver propriedade coletiva dos meios de produção, e isso sempre foi a seiva da visão social-democrata. Pode ser que um dia o kibutz renove suas vivências, não vão dançar a *hora* no refeitório, nem fazer amor à noite no telhado do celeiro. Isso acabou. Mas talvez haja uma versão adulta daquilo que os primeiros pioneiros tentaram fazer de maneira infantil. Não necessariamente no campo, isso também já não haverá no país. Talvez haja no futuro muitas comunas urbanas, que tentarão manter algo parecido com uma família ampliada, com segurança na velhice, com mais responsabilidades recíprocas, com mais participação na criação dos filhos. Na verdade elas já existem hoje: alguns de meus netos participam de comunas urbanas fascinantes.

Não sei qual é o seu caso, mas o que vejo daqui, e vi em Arad também, é muita gente trabalhando além de suas forças, para ganhar mais dinheiro do que realmente precisa, para comprar coisas das quais não tem necessidade, para impressionar pessoas de quem nem mesmo gosta. Uma parte vai enjoar e cansar disso. Não a maioria, a maioria continuará competitiva, é sua natureza. Mas uma parte buscará uma alternativa. E essa parte talvez vá buscar entre as ideias originais do kibutz a boa ideia de uma espécie de família ampliada, sem alterar a natureza humana, sem igualdade absoluta, sem ir esgravatar nos quartos das pessoas para verificar quem tem uma chaleira elétrica e quem não tem. Seja como for, exatamente a sociedade que conseguiu conquistar as colinas da injustiça social descobriu mais além dessas colinas os íngremes penhascos da injustiça existencial. A que estou me referindo? Me refiro a que, exatamente na sociedade que acabou com a brecha entre uma garota rica e uma garota pobre, aumentou ainda mais a brecha entre uma garota atraente e uma não atraente. O que fará a garota não atraente? Vai procurar o comitê de igualdade e dizer "eu também tenho direito"? Eu disse garota, mas também poderia ter dito garoto. São coisas que não têm conserto. E eu espero que um dia, em outra encarnação, volte à cena essa questão do kibutz, e pelas mãos de pessoas adultas, não rapazes e moças ainda amadurecendo, que nada sabem da vida. Pessoas que compreendam que não se deve absolutamente tocar nos componentes básicos da natureza humana, pois isso não acaba bem. A maioria sempre vai ser refratária, mas para uma minoria talvez se possa propor regras do jogo um pouco diferentes.

Além de sair do kibutz, o que mais você faria diferente se vivesse uma segunda vez?

Talvez investisse mais esforço e trabalho numa mobilização política. Não iria concorrer ao Parlamento, de modo algum, nem uma só vez, apesar de terem me pedido duas ou três vezes que fosse candidato por todo tipo de agrupamentos de esquerda, Moked, Sheli, Merets. Mas eu não iria para o Parlamento. Talvez investisse mais em ativismo político nas épocas em que ainda pensava que a balança oscilava, se eu soubesse então tudo que sei hoje. Não é certo que isso iria mudar alguma coisa, é muito provável que não. Aqui e ali tem coisas que eu disse e que me arrependo de ter dito em público. Hoje eu não as diria, ou as diria de modo totalmente diferente. Outras coisas de que me arrependo eu não vou contar para você.

E sobre essas coisas que você disse em público, está disposto a falar?

Sim. Posso te dar um exemplo. Quantas vezes escrevi e disse que na questão da ocupação, da paz e do futuro dos territórios ocupados, nossa direita pensa com a barriga e nossa esquerda pensa com a cabeça. Eu me arrependo de ter dito isso. É uma ideia simplista e errada. Hoje acho que tanto a esquerda quanto a direita pensam com a cabeça e também com a barriga, e às vezes os dois lados pensam nos territórios e na paz com a cabeça e com a barriga ao mesmo tempo.

Chegamos até aqui, de algum modo, a partir da história engraçada sobre o quarto que você recebeu para escrever.

Sim. No dia em que me deram um quarto de trabalho só meu, com os móveis que herdei de Guiza, para mim o mundo mudou. Pois até então, para escrever tudo que tinha escrito, eu ia me esconder em tudo quanto é lugar. No quarto de estudos, atrás da Casa de Cultura, à noite, quando ninguém estava lá, ou no banheiro da habitação de um dormitório e meio em que morávamos. E eis que de repente eu tinha um lugar onde eu sabia que podia fechar a porta e dispor de algumas horas. O mundo mudou. Tudo ficou diferente. Para mim foi como ganhar 1 milhão de dólares na loteria. Nunca acreditei em musas, não acreditava em inspiração, não acreditava em coisas desse tipo, mas no momento em que tive uma mesa e uma cadeira e uma porta que eu podia fechar, tudo ficou diferente. Agora que eu podia, por exemplo, fazer um intervalo de algumas horas e deixar os papéis esperando sobre a mesa, sem dobrá-los e enfiá-los depressa em alguma pasta de papelão para que ninguém espiasse, minha vida mudou. Totalmente. Talvez poetas consigam escrever em cafés, compor um poema numa espécie de transe. Depois eles vão e revisam. Mas prosa? Escrever um romance é como construir Paris inteira com fósforos e cola. Você não pode fazer isso assim, em momentos de ócio, ou num longo transe. E também há muitos dias, aqui também, junto a esta mesa, há muitos dias em que antes das cinco da manhã já estou sentado à mesa, e fico sentado, sentado, e nada acontece.

E em dias assim você tem sentimentos de culpa?

Hoje já sei que faz parte do processo, mas muitos anos atrás eu tinha sentimentos de culpa. Quando o kibutz afinal me deu dois dias, e depois três dias por semana para escrever, eu acordava antes das cinco da manhã, ia para o quarto que tinham me dado, ficava lá até o meio-dia, escrevia quatro frases, cinco, apagava duas. Houve dias em que escrevia quatro frases e apagava seis, duas do dia anterior. E então, ao meio-dia eu ia almoçar no refeitório, cheio de vergonha, porque à minha esquerda estava sentado um homem em roupas de trabalho que já tinha arado naquela manhã vinte *dunams*,* e à minha direita um homem em roupas de trabalho que naquela manhã já tinha ordenhado trinta vacas, e eu estava sentado entre os dois agradecendo a Deus por nenhum deles ter conhecimento de que eu tinha escrito durante a manhã toda seis linhas e apagado três delas. Com que direito eu estava lá para almoçar? Eu tinha sentimentos de culpa terríveis. E aos poucos desenvolvi comigo mesmo um mantra assim, eu dizia a mim mesmo: Amós, o que você está fazendo é parecido com o trabalho de um merceeiro. Você chega de manhã, abre a loja, fica sentado e espera por clientes. Se eles vierem, é um dia bom. Se não houver clientes, você assim mesmo está fazendo seu trabalho ao ficar lá esperando. Você não tem ideia de como esse mantra me tranquilizou.

Com sua permissão, vou adotá-lo.

Nesses momentos eu não fico lendo jornal, não jogo paciência ou coisa parecida. Nada de chats, nada de Twitter, nada de e-mails, nem filmes pornográficos, só fico lá e espero. Às vezes ouço música. Esse mantra me tranquilizou. Nem preciso te dizer

---

* Medida agrária israelense, correspondente a mil metros quadrados.

que o sentimento de culpa é uma invenção judaica. Nossos ancestrais o inventaram aqui no país. Depois vieram os cristãos e fizeram o marketing com um sucesso colossal por todo o mundo. Mas a patente é nossa. Eu, como judeu, tenho sentimentos de culpa terríveis por termos inventado o sentimento de culpa. Ao mesmo tempo, se eu passar um dia inteiro sem sentimentos de culpa, à noite sentirei culpa por não ter tido sentimentos de culpa o dia inteiro. Somos diferentes dos cristãos, que também têm uma abundância de sentimentos de culpa, por sermos nós, judeus, aparentemente os campeões mundiais de ter sentimentos de culpa sem termos usufruído antes dos prazeres do pecado. Sei que esta linha deveria ter sido escrita por Woody Allen, mas por acaso ela ocorreu justo a mim. Às vezes a culpa pode ser um grande motor e motivador. Quem tem sentimentos de culpa é um sofredor, mas quem não tem sentimentos de culpa é um monstro.

Talvez os budistas tenham conseguido se livrar da culpa. Não sei.

Se eles conseguiram, eu os invejo tremendamente. Mas só por um instante. Um momento depois eu já não os invejo, e sim quase tenho pena deles. Sentimentos de culpa são um pouco como um tempero bom para quase tudo: para a criação, para o sexo, para educar os filhos, para as relações entre os homens. Um pouco de tempero. Mas se nos servirem um prato condimentado demais — socorro!

4. Quando batem em seu filho

Vou desenhar por um momento um mapa muito genérico das críticas a seus livros: em sua primeira década e meia de escritor, a crítica literária israelense o acolheu com um forte abraço e você foi imensamente elogiado. Em pouco tempo você já era um consenso, a voz de uma geração. Quase todo superlativo que eu usar aqui não será suficiente. Depois vieram anos mais difíceis sob o ponto de vista da crítica, e de novo uma reviravolta lá pela década de 2000 — acho que De amor e trevas *foi inequivocamente um marco. Primeiro quero te fazer uma pergunta genérica: de que modo as críticas — boas ou ruins — o afetaram, o influenciaram?*

A verdade?

A verdade.

Veja, é ótimo receber críticas boas, pois todos nós precisamos de algo que nos fortaleça. Não sei se preciso mais do que outros escritores, ou menos, mas preciso de uma aprovação. Isso me fortalece. Mas as críticas ruins influenciam mais do que as boas. Imagine que seu filho está brincando sozinho no quintal e você está na janela tomando conta dele. Aí vêm uns brutamontes e batem nele, e você não consegue sequer abrir a janela e gritar, é obrigada a ficar na janela e a assistir como batem nele. Assim também são as críticas ruins. Quem te disser outra coisa ou é feito de materiais que não conheço e não compreendo, ou não está dizendo a verdade. Agnon gostava de dizer que os críticos não o entendiam e não eram importantes para ele. Você se lembra, em *Tmol Shilshom*, do que o pintor Shimshon Blaukopf diz para Itzchak Komer? "A verdade é que o artista não entende nada de sua obra…"

"… *seja como for, ele entende mais do que seus críticos.*"[5]
Dov Sadan também tem uma história muito bonita com Agnon e os peixes. Sabe qual é?

Acho que não.
Sadan foi visitar Agnon uma vez em seu gabinete de trabalho no segundo andar e lhe perguntou: o que você acha de seus críticos? Agnon respondeu: minha mulher e meus filhos viajaram para Guedera. Sadan perguntou: qual é a relação? Agnon respondeu: na banheira tem umas carpas, e minha mulher me pediu que eu tomasse conta delas, venha comigo. Sadan não entendeu o que isso tinha a ver, mas os dois desceram, e, realmente, duas carpas nadavam na banheira. Agnon retirou a tampa da banheira, toda a água foi embora e os peixes se retorceram em agonia. Ele repôs a tampa, encheu a banheira com água limpa, virou-se para Sadan e disse: "Assim como esses peixes entre uma água e outra, assim são os críticos entre uma história e outra". Isto é Agnon. Isto é bem bonitinho. Você me pergunta se eu acredito nele? Não acredito nele. Não acredito em ninguém que diga uma coisa dessas. Isso não tem nada a ver com literatura e com livros, tem a ver com todas as ações de um homem. Um homem mobília sua casa, entram pessoas que veem a casa pela primeira vez, para ele é impor-

tante o que elas vão dizer, mesmo que sejam pessoas totalmente estranhas. Roupas, sapatos, tudo. Por que houve anos em que a crítica gostou do que eu escrevi e houve anos em que não aceitou o que escrevi? A verdade é que não sei qual é a resposta. A resposta mais simples é que talvez o que escrevi entre *Meu Michel* e *O mesmo mar* não seja bom. Talvez tenham razão.

Não creio que os anos difíceis tenham começado com Meu Michel. *Talvez em meados da década de 1970, com* Lagaat bamaim lagaat baruach [*Tocar a água, tocar o vento*], *talvez no início da de 1980, com* Uma certa paz.
Não sei.

O que você acha?
Não acho que tudo que escrevi entre, digamos, *Uma certa paz* e *O mesmo mar* não era bom. Talvez o gosto tenha mudado, talvez as pessoas quisessem, finalmente, ouvir uma nova voz, e de fato naqueles anos ouviram vozes novas, e quando isso aconteceu as pessoas disseram: uau, isso é revigorante. Também pode ser que algo que algum crítico tenha elogiado com um entusiasmo grande demais e consistente demais tenha instigado outro crítico a dizer: com licença, espere um pouco, quem é que coroa o rei aqui? Não sei. Tudo que eu disse agora são variações sobre duas palavras: "Não sei". Mas é um fato. O que você afirmou é um fato, e também é um fato que me doeu muito na época. Hoje tudo está ficando mais distante, não leio essas histórias há muito tempo, mas na época isso me doeu muito. Pois quando eu te disse, por exemplo, que os críticos "batiam", eles realmente batiam. Nunca compreendi exatamente por quê.

Igal Schwartz escreveu um artigo que foi uma tentativa de compreender as reações extremamente emocionais que você desperta, como escritor e como intelectual. Vou ler para você um trecho: "Amós desperta no círculo cultural israelense reações tão extremas que é difícil interpretar sua lógica ou sua origem. Por um lado, demonstrações de amor e admiração, por outro, demonstrações de hostilidade, ódio, repulsa".[6] Aviad Raz publicou um artigo intitulado "Por que gostam de odiar Amós Oz: Considerações após a última vituperação coletiva", no qual ele escreve sobre "a vontade de espetar o alfinete no balão" e também — eu tenho dificuldades para pronunciar estas palavras — "de queimar a bruxa".[7] Como você explica ou entende essas reações a você, àquilo que você escreve?

Entre *Uma certa paz* e *O mesmo mar*, mais ou menos, houve quinze anos de quase consenso, não só nas críticas dos críticos literários, também nos departamentos de literatura; quase consenso para repudiar ou negar o que eu escrevia. *Conhecer uma mulher* ou *Não diga noite*, digamos, foram livros criticados, arrasados, quase que de ponta a ponta. Era... sim, ódio é a palavra correta. Como te dizer que eu entendo isso? Talvez valha a pena tentar pensar também em algumas coisas não exatamente literárias. Primeira coisa: ele não é um de nós. É um alienígena. Nós absolutamente não o vemos por aqui. Ou está lá no kibutz dele ou está em Arad, no fim do mundo. Quem ele pensa que é, ficando no monte Sinai e falando com a gente à distância? Talvez seja isso também. Se eu fosse de Tel Aviv e me encontrasse com muita gente e entrasse em atritos... talvez isso fosse considerado bom naquela época...

Perdão por estar sorrindo...

Por que perdão? Não disse nada que fosse sexista.

Não, mas você passou a falar de você mesmo na terceira pessoa.

Ele estava em todo lugar e em lugar nenhum. Isto é: na política também. Que história é essa, até chefes de governo o convidam para conversar e o citam no rádio, na imprensa. Quase não há movimento na esquerda em que ele não esteja de alguma forma no centro. Até mesmo nas grandes demonstrações na praça dos Reis de Israel* — ele está em todo lugar, mas também em lugar nenhum. Porque não dá para saber qual é a dele, ele não se encaixa na esquerda pós-sionista que diz que todo o projeto sionista foi um erro ou um crime, nem com os que dizem "logo tudo isso vai acabar e o último vai apagar a luz". Mas tampouco está com os que gostam dos lugares santos e se derretem de tanto que somos belos e Israel é uma luz para todos os povos. Mas também não está com os que dizem que os árabes não têm culpa alguma e nós é que somos culpados de tudo. Que tipo de pessoa é essa, escorregadia como uma enguia? E talvez, talvez realmente eles pensassem que no aspecto político eu simplesmente tentava ficar bem com todo mundo, que tinha investido nas ações deste e também nas ações daqueles, e que isso não era corajoso. Não era íntegro. Talvez, se eu estivesse do lado de fora, também interpretasse dessa maneira. Mas não era isso que me impulsionava. O que me impulsionava era uma complexidade cujas raízes ainda estavam no fato de que eu cresci entre os revisionistas. No fato de que sempre tive dois pares de olhos, no mínimo.

E talvez esteja ligado também à sua retórica, à sua fluência, que provoca raiva nas pessoas. Por você, pelo jeito, escrever e falar bonito demais.

Sim, é verdade, isso realmente enraivecia as pessoas, e talvez com razão. Por que ele sempre fala tão bonito? Por que esse em-

---

* Em hebraico, *Kikar Malkei Israel*. Grande praça no centro-norte de Tel Aviv, onde fica a prefeitura e onde se realizam as grandes demonstrações. Depois que o primeiro-ministro Itzchak Rabin foi assassinado ali, a praça passou a se chamar *Kikar Rabin*, praça Rabin.

belezamento todo? Ele tem de se vestir sempre com essas roupas de sábado?

Você é capaz de compreender isso?

Sim. Houve um tempo em que crescemos com a noção de que um escritor verdadeiro e sofredor como Brenner tem de ser meio gago, ele gagueja. Se esta pessoa fala de um jeito todo burilado, isso com certeza não é de verdade. Me lembro também que usaram muitas vezes contra mim a palavra "embelezador". Eu não sabia por quê, não falava enfeitando palavras. Pelo menos a mim parece que não. Então o que era? Eu falava com exatidão. Mas isso de algum modo não se encaixava em algum clichê segundo o qual um intelectual tem de ser alguém que grita uma espécie de grito profético, estilhaçado. Se vem do fundo do coração, não pode ser tão caprichado.

Quando eu já ia até a cidade, não me viam com jeans rasgados, não me viam com cabelos compridos, não havia todos esses sinais do rebelde da geração dos *sixties*. E o discurso da oposição de esquerda, dos que se opunham a Golda e dos que se opunham à anexação, a retórica aceita era como a de Amós Keinan,* uma espécie de ira profética, ira impregnada de depreciação e repulsa, sem freios, para ser despejada sobre eles, cravada neles. Eu também escrevi alguns artigos feitos de fogo e enxofre, mas na maioria deles minha posição era mais do que de denúncia e condenação. Então eu condenava por meio de análise. Talvez mais com ironia do que com sarcasmo. Muitos não gostavam. E além disso, ele fala bonito, ele tem boa aparência, não é um de nós, não é correto de sua parte.

---

* Golda Meir (1898-1978) foi ministra do Exterior e primeira-ministra de Israel. Amós Keinan (1927-2009) foi escritor, dramaturgo e satirista israelense.

Parece que ele era enervante para você também.

Realmente enervante. Às vezes tento enxergá-lo de fora. Havia essa coisa básica de que estávamos falando, que as pessoas diziam: por que sempre ele? O quintal israelense é pequeno, dificilmente recebe um raio de sol, então por que sempre o raio cai sobre ele? Que chegue para lá, abra um espaço. Tem outros também. Eu compreendo isso muito bem. Posso me imaginar nesse quintal, só que com outra pessoa recebendo o raio de sol — não sei se ia querer dar uns tapas nela, mas sei que ia ficar macambúzio, que ia pensar "eu também mereço um pouco". Veja, não posso responder honestamente à pergunta — se eu realmente queria essa casa do tabuleiro para mim ou se de repente me vi nela. Não sei. Pode ser que bem fundo dentro de mim houvesse alguma coisa que não lamentava estar lá. Mas o que posso te dizer é: nunca houve em minha vida essa compulsão para ser o número um. E não fui. Nem nos estudos nem no esporte nem no Exército nem no trabalho na *falcha* nem na universidade. Isso não existe em mim. Não tenho uma noite de insônia quando outra pessoa recebe um prêmio ao qual eu também concorria, quando outra pessoa... sei lá... digamos... vende mais livros do que eu. Sim, às vezes eu tenho inveja. Muita. Invejo um escritor que escreveu melhor do que eu, mas nunca um escritor que "tem mais sucesso" do que eu. Invejo alguém que faz algo que se aproxima da perfeição, mas nunca alguém que é mais elogiado. Não mesmo.

Acredito em você. Mas fico pensando se outros vão acreditar.

Não, não vão acreditar. Mas é preciso que isso seja dito. É a verdade. Nem uma só vez, já faz sessenta anos pelo menos, nem uma só vez ataquei qualquer escritor quanto a questões literárias. Quanto a questões políticas, sim, como, digamos, Moshe Shamir, Chaim Guri, Natan Zach, e antes deles também Natan Alterman e Uri Tzvi Grimberg. Mas quanto a questões de "status" literário, eu dizia a mim mesmo: isso não é da minha conta. Não estou nessa guerra de machos alfa pela presa ou pelo butim. Eu não.

Mas afinal, por que não? Por que é vedado a um escritor dizer que a obra de outro escritor não é boa, que é ultrajante?
Eu entendo de crítica, também escrevi algumas coisas sobre livros. Mas quando não gosto de um livro, nada no mundo fará com que escreva sobre ele. Por quê? Como assim, por acaso eu me mobilizaria para advertir o público a não comprar numa certa mercearia porque a comida lá não é fresca? Um livro, muito menos. Ninguém adoeceu ainda por ter lido um livro mediano ou ruim. Segundo, mesmo se eu me desse ao trabalho de escrever uma vez sobre um livro do qual não gosto, não faria isso com os dentes e as unhas e facas afiadas: na verdade, de todas as coisas terríveis e monstruosas que as pessoas fazem o dia inteiro no mundo — matam, estupram, torturam, oprimem, humilham, enganam —, escrever um livro é uma coisa muito inocente. Digamos até que alguém escreva um livro por querer ser conhecido, ou com intenções totalmente comerciais, só quer que ele venda, e nada mais — até mesmo isso, no cômputo geral, é um crime muito ingênuo. Por acaso roubou o boi de alguém? O que você fez? Ah, então escreveu um livro ruim. Está bem. Que o crítico escreva: este livro não é bom, e também explique por que não é bom. Mas esses impulsos de violência com a morte nos olhos, de acabar com o escritor, de urinar em cima do livro, tudo isso a mim parece que alguns críticos trazem consigo de outros recônditos das vidas deles para sua atividade como críticos literários. Isso não é novidade, já havia coisas assim cem anos atrás. Heine foi um crítico sarcástico e demolidor, e havia e ainda há muitos mais. Mas nunca entendi qual o prazer de escrever esse tipo de coisa. Na verdade, dizer que não entendo esse prazer talvez seja um pouco ingênuo. Mas é um prazer do qual eu nunca seria capaz de usufruir. Sei um

pouco como é ser satírico, cruel, sarcástico, mas reservo isso à política, porque lá estamos falando de força e estamos falando de pessoas que às vezes derramam sangue. Mas um homem que só escreveu um livro ruim e nada mais, o que você quer dele? O que foi que ele fez?

Estou em dúvida quanto ao que pensar sobre a imagem que você utilizou, de advertir as pessoas quanto a um produto da mercearia que não é fresco. É verdade que as críticas a livros são às vezes cruéis e virulentas, sem necessidade. Por outro lado, os leitores abrem os suplementos literários, entre outros motivos, na expectativa, que me parece justa, de que os críticos os orientem quanto ao que vale a pena ler e o que não vale. As pessoas não dispõem de muito tempo. A questão de em qual livro você deve investir seu tempo, e também seu dinheiro, é importante.

Se você é um crítico a quem se presta atenção, escreva sobre livros bons. O fato de que atualmente quase não restaram críticos literários é uma coisa muito triste. Nos jornais, estão desaparecendo. Isso está se extinguindo. Eu sei também por quê. Galia, minha filha mais jovem, já escreveu críticas no jornal *Iediot Acharonot* [Últimas Notícias], mas um dia resolveu parar, pois lhe pagavam algo como quatrocentos shekels por artigo, e ela disse: não posso. Muito simples. Se alguém é professor na universidade e recebe salário integral, e se tiver um ímpeto didático de escrever para um jornal, ótimo, teve gente que fez isso. Shaked, Meiron, Holtzman, Gavriel Moked, Nurit Gretz, Igal Schwartz. Eli Shavid escrevia críticas, Dan Sadan escrevia críticas, Kurtzweil escrevia críticas, eram gigantes. Hoje os professores já não estão lá, eles se afastaram. Muitos dos professores de literatura hoje se ocupam com sociologia ou psicologia ou estudos de gênero, ou política de minorias, ou com textos hegemônicos comparados com textos subversivos. Dá para escrever sobre isso também no jornal, mas acho que as pessoas não vão ler. Sinto muita pena de que não haja quatro ou cinco pessoas que escrevam resenhas para um jornal — não. Espera. Aqui estou sendo realmente injusto, pois ainda há alguns. Ainda existem alguns bons críticos. No suplemento *Sefarim* [Livros] do jornal *Haaretz*, no suplemento *Tarbut Vessafrut* [Cultura e Literatura] e em outros. Não posso te dizer, porque não sei, o que acontece na internet. Pode ser que haja lá coisas muito interessantes sobre literatura, mas eu não estou lá. Na maior parte das vezes não chega a mim.

Estão acontecendo coisas interessantes. Existem blogs fascinantes, há comunidades de leitores on-line, algumas imensas, em que as pessoas trocam permanentemente ideias, pensamentos e recomendações sobre livros. Não são os críticos dos quais você está falando, mas são pessoas que gastam tempo lendo literatura e escrevendo sobre ela, e estão cheias de fervor e amor aos livros.

O que você está dizendo fortalece em mim uma certa dúvida otimista, dúvida com uma esperança meio mística, de que no futuro haverá o que houve em todas as gerações, mesmo antes de existir crítica literária. Uma pessoa lerá um livro e dirá a outra pessoa: vale a pena você ler. É isso que vai acontecer. É também o que está acontecendo agora. Acho que na maioria dos casos em que uma pessoa vai à livraria para comprar um livro não foi porque leu um artigo no jornal, mas porque alguém em cujo gosto confia disse a ela: você tem de ler este livro. Tem de ler. Era isso que havia, e é isso que haverá.

Verdade. E é para movimentos desse tipo que as novas mídias de leitura são boas. Por exemplo, no Kindle há a opção de highlight, grifar, marcar trechos dos quais você gosta. É como sublinhá-los a lápis. E de vez em quando informam você — veja, 2600 pessoas marcaram este trecho.

Gostaria de ver isso alguma vez, esse *highlighting*, ver o que é que as pessoas sentem quando leem. No livro *Os judeus e as pala-*

vras, Fania diz que a leitura fez uma reviravolta completa no decorrer da história: do quadro para o tablet, do rolo de pergaminho para o rolar da tela de computador. Isso que você me disse abre um certo campo de diálogo entre quem escreve e quem lê. Se quem escreve quiser esse diálogo, ele ou ela poderá responder a perguntas, ou fazê-las. Eu conheço isso das cartas de leitores, que recebo em grande quantidade. Por exemplo, cartas de leitoras religiosas que me escrevem anonimamente. Depois de *De amor e trevas*, Igal Schwartz fez delas um livro inteiro, pois chegaram mais de mil cartas, e a maior parte, talvez 80%, na verdade não era sobre o meu livro, e nelas estava escrito mais ou menos isto: "Muito bem, eu ouvi a sua história, agora ouça por favor a minha", e os leitores começavam a me contar sobre suas vidas.

Realmente esse livro teve esse efeito nas pessoas.

Parte dessa inundação de cartas após *De amor e trevas* foi tremendamente interessante e tremendamente emocionante. Em suas cartas para mim as pessoas revelavam histórias pessoais muito mais trágicas e muito mais dramáticas do que a minha. Eu guardei essas cartas. É um tesouro. Começaram a chegar também cartas de lugares distantes do mundo. Não poderia te dizer que isso não aquece o coração. Já faz anos que me escreveu uma mulher jovem de Seul, na Coreia. Quando me escreveu essa carta ela tinha trinta anos, e ela contou que lera *Meu Michel* e queria me dizer que o livro é exatamente sobre ela, e ela não sabe de onde eu a conheço. Não a conheço. E ela não poderia ter conhecido a heroína do livro, pois havia entre as duas uma diferença de idade de quarenta anos, e não tenho absoluta certeza de que a mulher de Seul soubesse muita coisa sobre Jerusalém. E apesar de tudo isso ela me escreve: "Este livro foi escrito exatamente sobre mim".

Que satisfação deve ser receber uma carta assim.

Sim. Isso toca o coração. É um prêmio, uma dádiva.

Você responde?

Respondo. Houve um tempo em que respondia a todas as cartas, agora isso é um pouco difícil; respondo à maior parte delas. Às vezes até mesmo em duas ou três linhas, mas respondo. Para que saibam que a carta chegou, que saibam que respondi. Às vezes um pouco mais de duas ou três linhas.

De amor e trevas foi o livro que lhe rendeu o maior número de cartas.

Sim. *De amor e trevas* e, depois dele, *Meu Michel.* Sim. Houve muita gente que reagiu a esses livros. No caso de *Meu Michel…* praticamente só mulheres.

E o que escreveram?

Metade, mais ou menos — não fiz uma estatística, mas acho que mais ou menos metade —, me disse: "Como é que você foi capaz de compreender coisas assim?", e a outra metade me disse: "Você não compreende nada". Nunca saberei quais mulheres tinham razão, pois não tenho como saber. Quando escrevi *Meu Michel* eu tinha 24 ou 25 anos. O livro inteiro é contado do ponto de vista de uma mulher, em primeira pessoa, pois na época eu estava certo de que já sabia tudo sobre mulheres. Hoje, eu não ousaria.

Gostaria que você voltasse ao assunto com o qual começamos, as críticas, e sua imagem de um menino sendo surrado por brutamontes. A questão é que você também não gosta, ao menos em retrospecto, de parte desses meninos. Você me falou de pelo menos dois livros seus dos quais você hoje não gosta. Quanto às críticas sobre A caixa-preta…

… e sobre *Lagaat bamaim lagaat baruach* [Tocar a água, tocar o vento]. São os dois livros que eu menos aprecio.

Sim. Mas quando você o publicou suponho que gostava dele.

Se não gostasse não o teria publicado.

Quando foi que começou a gostar menos?

Com o passar do tempo. Não aconteceu de repente, em um momento determinado. Com o passar do tempo me pareceu que hoje eu não escreveria algo como *A caixa-preta.*

Gostaria de saber se as críticas, as coisas que foram escritas sobre o livro, influenciaram na mudança de sua relação com ele. Se de algum modo você disse a si mesmo: não se trata apenas de brutamontes batendo num menino, e sim, digamos, de leitores que compreenderam quais são os defeitos do livro. Ou foi um processo interior sem ligação com o que foi escrito sobre ele?

Não tenho certeza, Shira. Não tenho certeza. Pode ser. Pelo visto prestei especial atenção às críticas que me diziam: acalme-se um pouco, diminua o volume. Pode ser que isso tenha me influenciado. Mas essas eram uma minoria. A maioria eram vociferações, sarcasmo e zombaria, não influíram em mim, só me atingiram, me magoaram, mas não é isso — com esse tipo de crítica você não aprende nada. Existem no mundo certos críticos que sempre dizem para Hazaz: por que você não escreve como Agnon? E para Agnon: por que você não escreve como Hazaz? Isso não adianta. Nunca adiantou. Me disseram: tome Fulano como exemplo, veja o exemplo de Sicrano; isso não me ajudou nem uma só vez.

Mas não eram só vociferações. Mesmo críticos que em geral gostavam muito de você discordaram de A caixa-preta. Escreveram sobre a representação estereotipada do partido religioso Mizrachi e do temor que esse romance expressa quanto à reviravolta política e étnica

de 1977,* quanto às mudanças nas hierarquias da sociedade is-
raelense. Quando você leu essas críticas na época em que foram pu-
blicadas, ou talvez com algum distanciamento no tempo, elas foram
para você apenas vociferações ou aconteceu de dizer a si mesmo: "Es-
ses críticos viram no romance algo que eu não vi quando o escrevi"?

Penso que houve duas etapas: no início eu simplesmente fiquei ofendido com a maldade e a mordacidade. E por isso não prestei muita atenção se por trás da maldade e da mordacidade havia ou não alegações substanciais. Porque se alguém me diz: "Você é feio, você é repugnante, você é repulsivo, você é racista, você é desprezível, e além disso sua blusa está manchada", eu não olho imediatamente para a blusa. Pode ser, e já se passaram mais de trinta anos desde *A caixa-preta*, pode ser que depois, reconsiderando...

Parece que se passaram exatamente trinta anos. Ele foi publicado
em 1987.

Foi publicado em 1987, comecei a escrever em 1984, você tem razão. Sim, pode ser que depois — inclusive Galia chamou minha atenção para isso. Na família, Galia é sempre a crítica mais rigorosa. Ela disse: você tentou fugir dos estereótipos e não conseguiu. Com o tempo ficou claro para mim que esse livro é sociológico demais, no sentido ruim da palavra. Isto é, os personagens

---

* Naquele ano, pela primeira vez desde a fundação do Estado de Israel, em 1948, o governo passou da coalizão liderada pelo partido trabalhista (Mapai, depois Avodá) para uma coalizão de direita liderada pelo partido Likud. Grande parte dessa reviravolta deveu-se aos votos dos judeus sefaraditas, oriundos de países do Oriente Médio, o que Shira Hadad menciona como reviravolta étnica. Havia na sociedade israelense certa tensão, às vezes discriminatória, entre os judeus de origem asquenazita, ou centro-europeia, e os de origem sefaradita, que primeiro habitaram Espanha (Sefarad) e Portugal, e após a expulsão dos judeus da Península Ibérica, em 1492, se espalharam pelos países mediterrâneos, do Oriente Médio e da África do Norte.

são demasiadamente representativos. Como leitor, não gosto disso. Por que isso aconteceu? O que tenho a dizer em minha defesa? Não é simples. Pode ser que realmente tenha sido uma reação emocional à reviravolta, à mudança na relação de forças. Mas acontece que não leio esse livro já faz muitos anos. Me lembro de que, enquanto escrevia, no processo eu sentia cada vez mais calor e compreensão e empatia para com a figura de Sommo, e mais repulsa e comiseração em relação a Alex, essa figura infantil, altiva, aleijada e sensível. E eu me lembro — acho que não estou enganado — que no fim, na verdade, Sommo é que é a pessoa boa desse livro. É o personagem que faz a catarse que existe no final do livro. É Sommo quem escreve ao homem que envenenou toda a sua vida, dizendo: "Não sabia que você estava doente, venha para minha casa, vou cuidar de você". Disso eu me lembro. Lembro que durante a escrita a minha relação com Sommo mudou. No início talvez tenha havido um olhar um pouco antropológico, não uma arrogância hostil, uma forma de arrogância compreensiva — "Sim, eu até que compreendo você" —, e no decorrer da escrita minha relação mudou para um tipo de reconhecimento, de respeito. Mas isso, aparentemente, eles não viram, os críticos. Ninguém viu. Talvez porque as primeiras partes do livro enervaram tanto os leitores — leitores orientais ou sensíveis à arrogância asquenazita —, enervaram tanto que eles nem chegaram ao fim do livro, ou chegaram e não perceberam que no fim o livro tinha virado de cabeça para baixo.

Acho que quem chegou até o fim viu principalmente a catarse dessa comuna em torno de Boaz, com a mãe dele como que se juntando ao grupo das amantes. Isto é, a catarse da qual você está falando é um pouco silenciosa e insinuada em comparação com a "catarse asquenazita".

Se me lembro bem, não é como você disse, pois o livro termina com a grandeza da alma de Sommo, de quem levaram a mulher e até a filha pequena e ele ficou só e abandonado. Eis aqui, vou procurar o capítulo. Vou ler para você a última página do livro:

Com a ajuda de Deus, Jerusalém, fim do Shabat sagrado, 9 de Elul

Ao sr. Guidon,

Por intermédio do motorista que o senhor enviou e que está gentilmente esperando e tomando uma xícara de café, eu lhe envio algumas curtas linhas em resposta à sua carta desta manhã. Em primeiro lugar peço que me perdoe e desculpe pelas ofensas pesadas e descabidas que lhe dirigi em minha carta de anteontem, sem saber, Deus nos livre, que você está enfermo, padecendo de doença fatal. Está em nossas escrituras que não se deve condenar um homem pelo que faz quando está triste, e eu, quando lhe escrevi, estava imerso em grande tristeza.

E agora nos aproximamos dos Dias Terríveis,* quando abrem-se amplamente os portões do arrependimento e da compaixão. Assim, sugiro que Ilana e Ifat voltem para casa amanhã de manhã, e que você mesmo venha para cá imediatamente, sem mais demora, para receber tratamento adequado no Hospital Hadassa. E proponho que se hospede em nossa casa, Alexander. E que venha também Boaz, é claro, pois agora seu dever sagrado é estar próximo de seu pai e lhe dar assistência em sua doença. Graças a seu arrependimento e graças a seus sofrimentos e graças a seu heroísmo pelo santo nome em nossas guerras, e com a ajuda da misericórdia do céu, acredito que vai se curar. Até lá você certamente vai morar conosco. Não com Zakheim nem num hotel, e não me interessa o que talvez falem por trás todo tipo de pessoas insensíveis. Amanhã

---

* Os dez dias ente Rosh Hashaná (Ano-Novo) e Yom Kippur (Dia da Expiação) quando Deus decide o destino de cada ser humano e se busca com orações, conciliações e arrependimento a expiação dos pecados e ofensas cometidos.

de manhã vou esclarecer toda a questão com o rabino Bosquila, que com certeza vai considerar profundamente a questão. E pedirei a ele que receba você logo e que não deixe de lhe dar sua bênção, que já fez milagres com doentes desenganados. Além disso telefonei para o primo de minha cunhada, que trabalha no setor de oncologia do Hadassa e providenciei que você seja bem tratado e receba tudo que for possível, e mais do que isso.

Ah, mais uma coisa, Alexander. Assim que o motorista terminar o café e voltar para você com esta carta, irei ao Muro a fim de rezar por você e depositar um bilhete entre as pedras pedindo que você se cure. Estes são dias de piedade. Por favor, diga ainda esta noite a Ilana e também a Boaz que nos perdoamos um ao outro e que eu perdoo Ilana e estou certo de que o céu nos perdoará a todos.

Com votos de um bom ano, e de cura total, e sem qualquer lembrança da raiva que havia antes,

Michael (Michel Sommo)

Mas não voltarão para ele.
Isso ficou em aberto.

Eu acho que não vão voltar.
Eu também acho que não. Mas este final do romance não poderia ter sido escrito por um homem que considera que os que eram o "sal da terra" no passado eram bons, e os novos que os substituem serão ruins. Tampouco o contrário. Sommo não é um santo, e até o fim resta nele, nesse homem, algo um pouco cômico. Até mesmo quando ele é misericordioso, até mesmo quando perdoa, até mesmo quando está disposto a relevar tudo, resta nele algo um pouco cômico. Mas há um pouco disso em todos, nesse livro. Talvez em todos os meus livros. Em *Judas* também, Shmuel Ash é um pouco tocante e um pouco ridículo, assim como Guershom Wald, e até mesmo Atalia.

Ou seja, para você os outros heróis de A caixa-preta *também têm um lado cômico?*

Todos são um pouco ridículos, todos são um pouco infantis. Todos nesse livro são um pouco mimados, cada uma a seu jeito e cada um a seu jeito.

Então os críticos só viram a maneira como você ridiculariza Sommo, mas não Alex, nem Ilana nem Boaz?

Foi isso que eles viram, e pode ser que eu não tenha trabalhado bem. Pode ser que os traços estejam grossos demais. Na época em que escrevi esse livro, meu ponto de partida foi que eles todos são fanáticos, sem exceção. Todos. Que Sommo é um fanático por uma Terra de Israel integral* e pelo cumprimento de seus mandamentos religiosos, e por sua religiosidade e pelos territórios ocupados, e Alex é fanático por sua imensa *ego trip* e por sua mania de dominar, e Ilana é fanática pelo seu direito de ser feliz. Que o mundo desmorone — ela será feliz. Não lhe importa em quem terá de pisar para obter isso. E até mesmo Boaz é fanático, fanático por sua comuna hippie e pela ideia de que todos têm de amar a todos. Um fanático dos lemas da década de 1960. Pensei que lá não havia ninguém que não fosse fanático. Talvez apenas a irmã de Ilana, que lhe escreve cartas semanalmente. Até mesmo o advogado, que é a figura mais cômica de todas, é um desses fanáticos por patrimônio. Não lhe importa muito de quem é o patrimônio, o principal é que ele permaneça intacto. Mas se nenhum leitor no país encontrou ali o que eu encontrei, pelo visto o livro está um pouco capenga. Ou minha leitura do livro foi capenga.

---

* Concepção segundo a qual Israel deve compreender todo o território da Palestina tal como ele existia em 1948, antes da decisão da partilha pela ONU, ou seja, incluindo a faixa de Gaza e a Margem Ocidental, ocupada por Israel na Guerra dos Seis Dias, em 1967. Esta é a posição assumida por alguns setores religiosos e pela direita nacionalista israelense.

É um dos seus livros mais bem-sucedidos.

Talvez 100 mil pessoas o tenham lido em Israel. Mas pode ser que o tenham lido pelos motivos errados.

Eu acho que as pessoas gostaram muito do livro. Que muitos leitores curtiram muito.

Sim, a questão é qual foi o motivo dessa apreciação. Pode ser que tenham pensado que o livro ridiculariza esse judeu oriental religioso que cita versículos da Bíblia o tempo todo. Parte dos leitores talvez tenha pensado que ele é parecido com os Gashashim.* Não tenho certeza de que as pessoas que compraram o livro e curtiram e elogiaram fizeram tudo isso pelos motivos certos. Certeza eu tenho de que os que atacaram *A caixa-preta* estavam vendo tudo vermelho. E no que eles tiveram razão? Eles tiveram razão nisso que um romance não deve ser demasiadamente sociológico. Se parte dos leitores riu e curtiu pelos motivos errados e parte viu tudo vermelho pelos motivos errados, então pelo visto o livro apanhou como merecia, apesar de ter apanhado pelos motivos errados.

Tem livros que eu não poderia nem ia querer escrever novamente do modo que escrevi. Mas *A caixa-preta* — acho que eu seria capaz de fazer dele um livro um pouco melhor. Será que o que abriu meus olhos foi a crítica demolidora? Os poucos elogios, acompanhados de argumentos que para mim estavam totalmente errados? Depois que parei de me ofender com as críticas, e parei de me sentir magoado, e parei de me amargurar e também de sofrer, talvez tenha, sim, aprendido algo.

Aliás, Shira, se você tiver uma explicação melhor para o motivo pelo qual aqueles anos, não só *A caixa-preta*, por que aquela

---

* Referência a um trio de atores cômicos israelense, chamado Hagashash Hachiver, que apresentava esquetes cheios de humor e ironia sobre aspectos da vida e da realidade israelense.

época foi uma época de hostilidade de ponta a ponta, eu gostaria de ouvir, pois eu não sou a pessoa ideal para explicar essas coisas. Quando alguém bate em você, você não é a pessoa certa a quem dizer "me explique por que eles bateram em você". É preciso perguntar àqueles que batem. Veja, não sou uma vítima, não sou mesmo. Mas como parte desta conversa foi sobre o motivo pelo qual minha escrita e eu despertamos hostilidade, talvez as suposições que te apresentei valham, na verdade, muito pouco.

Vamos voltar do caso particular para a questão genérica: a resenha literária. O que se deve pedir da crítica literária? Existe ainda crítica literária?

Em meus melhores sonhos, a crítica literária precisa ser como a crítica gastronômica: você lê o que escreve um determinado crítico de restaurantes uma, duas, três, quatro vezes, até que um dia você vai a um dos lugares resenhados. Se você chega à conclusão de que o gosto desse crítico não é igual ao seu, você para de ler o que ele escreve. Mas se por acaso ele acerta várias vezes seguidas, se o que ele indicou realmente é bom, vai acompanhá-lo sempre. Gostaria que houvesse no mundo uma crítica literária assim. Antes de mais nada, que não se arvore a ser um veredicto final e definitivo. Que a crítica não seja o Supremo Tribunal. Que ela diga: eu, a crítica, dirijo-me aos leitores que de algum modo sejam próximos a mim, próximos no gosto, e então eu experimento por eles e digo a eles: tenham cuidado com isto, este aqui vocês podem levar, mas este outro talvez não valha a pena.

Pois me parece que você não lê críticas de restaurantes. Não são menos cruéis que as resenhas de livros.

Verdade. Reconheço. O que fiz aqui foi uma idealização da crítica de restaurantes, coisa que de fato não entendo. Uma vez li num jornal uma crítica de restaurante e o crítico alegava, torcendo o nariz, que o vinho estava adstringente demais, e desde então eu me rendi. Então, uma correção: num mundo que fosse todo ele bom, gostaria de encontrar uma crítica gastronômica e também uma crítica literária cujo gosto fosse parecido com o meu, e, portanto, quando ela dissesse "vale a pena" ou "não vale a pena", eu pudesse confiar um pouco nela, porque o tempo e o mundo não serão suficientes para experimentar todos os restaurantes e ler todos os livros.

5. O que nenhum escritor pode fazer

Em 1988 Helit Yeshurun fez com você uma entrevista fascinante.[8]
Entre outras coisas, você disse a ela que no livro Artsot hatan [*Terras do chacal*] *você desenhou as suas fronteiras. Desde essa entrevista já se passaram trinta anos. Estou interessada em saber se ainda acha que isso é verdade.*

Sabe de uma coisa, nem mesmo tenho certeza de que isso era verdade então, quando disse a ela. Não, acho que acrescentei territórios a essas fronteiras o tempo todo. Nunca sinalizei quais eram as fronteiras. Isto é, nas histórias de *Artsot hatan* a língua foi o hebraico mais elevado que já tive, um hebraico assim eu nunca mais tornei a escrever. E isso foi pura insegurança: uma espécie de presunção, "olhem só para mim, vejam que palavras lindas e elevadas".

E dez anos depois você voltou a este livro e o reescreveu.

Sim, eu rebaixei um pouco a linguagem. Para falar que nem gente. Para não declamar. Para que não fosse uma espécie de ostentação de riqueza.

Foi a única vez que você fez isso.

Sim, foi a única vez. Porque na verdade eu mal tinha vinte anos quando comecei *Artsot hatan*, queria que as pessoas soubessem que eu conhecia a linguagem da Bíblia hebraica e também a da Mishná e também a de nossos sábios de abençoada memória e também a de Agnon. Disso já me libertei. E eu não era o único. Alguns novos escritores que se revelaram na época sentiram necessidade de usar ao mesmo tempo um calção de banho e uma capa de chuva e calças de gabardine e calças de trabalho de brim azul, uma roupa em cima da outra. Mas não, *Artsot hatan* não sinalizou fronteiras. Não mesmo. Acho, por exemplo, que em *O mesmo mar* há lugares nos quais nunca estive. Não só no que tange à linguagem e às palavras, como no que tange a onde eu estava entrando. E quando saiu *Entre amigos*, há cinco ou seis anos, pensei que esta seria pelo visto a última prosa que escreveria, porque estava empacado com *Judas*, não conseguia continuar. E apesar de ter posto na capa de *Entre amigos* o mesmo desenho do kibutz que estava na capa de *Artsot hatan*, a distância entre essas histórias de kibutz e as primeiras histórias de kibutz é grande, até mesmo muito grande. Em *Entre amigos* eu conto as histórias quase num sussurro, em comparação com *Artsot hatan*.

Na verdade, quando Helit Yeshurun me perguntou sobre fronteiras, e agora você me pergunta, não sei exatamente o que são fronteiras. Não sei por que eu disse isso a ela. Não, não vou reiterar isso. Isto é, sei mais ou menos que coisas eu jamais poderei fazer, que coisas gostaria de fazer porém de forma alguma poderei fazer. Um escritor ou uma escritora talvez possam escrever sobre pessoas que são mais sensuais do que quem escreve sobre elas, mais pacientes, mais feias ou mais bonitas, ou mais ricas ou mais pobres. Mas nenhum escritor ou escritora em todo o mundo e em todos os tempos conseguiu escrever sobre alguém mais inteligente do que ele ou ela, isso é impossível. Nem sobre um personagem com um senso de humor melhor do que o do escritor ou da escritora. Estas são as minhas fronteiras. Talvez tenha sido esta a minha intenção: não sou capaz de escrever sobre um personagem mais inteligente do que eu, nem sobre uma pessoa que tenha mais senso de humor do que eu. De forma alguma. Mais malvado? Com certeza. Mais faminto? Mais saciado? Mais emocional? Mais lascivo? Mais velho? Mais jovem do que eu? Isso sim. Isso eu fiz mais de uma vez. Porém mais inteligente ou mais engraçado do que eu — como seria possível?

Me parece que com o correr dos anos suas histórias passaram a ter mais humor. De amor e trevas, do qual muitos leitores lembram o final trágico, e cuja leitura eu também terminei num choro amargo, é, entre outras coisas, um livro muito engraçado. E o mesmo vale para outros livros seus, principalmente os mais tardios. Você acha que isso sinaliza uma mudança em você, como escritor?

Sim. Meu pai praticamente não tinha senso de humor e minha mãe quase nenhum. Meu pai gostava muito de anedotas, mas principalmente das judaicas, classificadas e organizadas, as *halatsot* [ditos e motes], os *chidudim* [tiradas picantes] e os jogos de palavras, não um humor espontâneo e vivo. Todos os meus filhos têm muito mais senso de humor do que eu. O humor de meus filhos e netos também é mais refinado e aprimorado. Cada um deles, de várias maneiras distintas, tem um senso especial para paradoxos, para exageros exacerbados, mas não é um humor perverso. Eles riem de tudo. Frequentemente riem de mim. Às vezes penso que meu senso de humor talvez provenha do tio Tzvi, marido da tia Chaia. Apesar de não sermos parentes consanguíneos. Tio Tzvi sabia ser afiado, surpreendente, até mesmo sarcástico, mas nunca maldoso. O filho dele também, meu primo Igal, sabe fazer a gente rolar de rir. Quando eu era menino tinha inveja deles, pois eles abriam a boca e as pessoas rolavam de rir, e eu não tinha esse dom. Eu era uma coleção de todo tipo de piadas mais do que batidas que eu contava para fazer as pessoas rirem. Para fazer as garotas rirem. Mas as garotas não riam de minhas piadas. Às vezes elas riam de mim, mas não de minhas piadas.

Sim, piadas não são humor.

Não existe humor em minhas primeiras histórias. Nem nos contos e quase nenhum em *Meu Michel*.

E como você explica essa mudança? É um mecanismo que você decifrou? Ou diminuiu a reverência sagrada que você tem pela literatura? Talvez você simplesmente esteja olhando para o mundo e ele lhe pareça ser mais engraçado do que antes?

Todas as respostas que você deu agora estão corretas, elas não se anulam umas às outras. Só que em vez de "reverência sagrada" é preciso dizer "traseiro contraído". Foi isso que aconteceu. Quando comecei a escrever, sim, eu tinha o traseiro contraído. Eu pensava, existem coisas que simplesmente não são dignas da literatura. Não pensava assim a respeito de coisas eróticas, nem mesmo sobre exposição de genitália. Já em *Artsot hatan* escrevi sobre genitália e sobre fantasias eróticas, mas do humor eu simplesmente tinha vergonha: o que é isso? Será que a vida é um piquenique? Que história é essa de rir? Mesmo quando algo me fazia rir, eu achava que não era adequado a uma história escrita. Isso mudou. Como mudou? Não sei. Pelo visto algo estava sepultado o tempo todo. Quando mudou? Talvez tenha acontecido comigo depois que quase morri num acidente de carro em 1976 e saí dele com todo tipo de sequelas. Logo depois escrevi um livrinho um pouco engraçado, para crianças, *Sumchi*. Em *Sumchi* eu quase me permiti sorrir. Não rir de verdade, mas sorrir, e convidar o leitor a sorrir comigo.

E você mudou dessa maneira não apenas como escritor? Isto é, você acha hoje que o mundo é mais engraçado, ou que a vida é mais engraçada do que você pensava antes?

Sim. Lembro que minha avó, aquela que morreu de tanto limpar, vovó Shlomit, dizia sempre: "Quando você já tiver chorado todas as suas lágrimas e não tiver mais lágrimas para chorar, é sinal que chegou o momento de começar a rir". Ela também dizia que sentia uma dor terrível aqui e uma dor terrível ali e doía, doía, doía a ponto de já começar a rir. Dizia ainda: "Este homem é tão feio que já é quase bonito". E também: "Ele é tão culto, tão instruído, tão inteligente que já não entende mais nada".

Muitas vezes algo nos faz rir pela automaticidade, pelo exagero. Por aquilo que Bergson nos ensinou, que "dói e dói tanto até que já é engraçado".

Ou deprimente.

Na verdade não são dois opostos. Comédia e tragédia não são dois planetas. Tchékhov, de quem gosto cada vez mais, o que ele é? Engraçado ou de cortar o coração? Desesperançado ou sorridente? O que ele é? Em uma das peças de Tchékhov há um velho médico que o tempo todo fica de um lado balbuciando coisas, e toda vez que lhe cabe resposta, a réplica fixa dele é: "Dentro de cem anos haverá aqui pessoas completamente diferentes, e elas não vão compreender por que fomos tão infelizes, pois elas estarão sempre felizes, sempre saudáveis, cheias de alegria e amor, e saberão viver". Toda vez ele diz isso, e você não compreende por que Tchékhov o colocou ali, ele é apenas um chato que se repete sem parar. Mas há um momento na peça em que um dos personagens desmaia e o velho médico corre para ele, o examina, se apruma e diz com tristeza: "Esqueci tudo". Em todo o Shakespeare não encontrei duas palavras mais trágicas do que estas duas pronunciadas pelo velho médico: "Esqueci tudo". Me fazem rir e também me cortam o coração: "Esqueci tudo". Aliás, Tchékhov chamou quase todas as suas peças de comédias. Insistia nisso. As pessoas se espantavam, até zombavam dele um pouco. *Tio Vânia* é uma comédia? *A gaivota*? *Três irmãs*? São todas comédias? Se são comédias, então o que são tragédias? Ele insistiu em chamá-las de comédias e brigava com os diretores, pois queria que as pessoas rissem nas apresentações de suas peças. Quando ele ia ao teatro assistir à apresentação de uma peça sua e o público não ria nem uma vez, ele considerava isso um fracasso total do diretor e dos atores. E também um fracasso de sua peça.

O que mais faz você rir?

Acho que às vezes Shakespeare também faz rir em suas tragédias, só que nem sempre compreendem isso. Quando eu era um jovem professor no kibutz Hulda, ensinei *Otelo*, na 11ª série, numa tradução de Natan Alterman. Tem lá esse trecho terrível em que Otelo estrangula Desdêmona com as duas mãos. E ela morre. Então entra no quarto Emília, a mulher de Iago: "Ah, quem fez isso?", ou algo assim. E Desdêmona balbucia: "Não foi ninguém. Fui eu mesma. Estejam em paz. Paz para meu bom marido. Sejam abençoados!".[9] Toda a turma começou a rir, e com razão: ou Otelo realmente a estrangulou, ou não a estrangulou. Se a estrangulou até a morte, como é que ela faz declarações? Ele a estrangulou ou não estrangulou? Eu repreendi os alunos: tenham vergonha, no momento mais trágico da peça vocês riem? O que há com vocês? E depois isso tornou a acontecer comigo, mais e mais uma vez. Todas as vezes que ensinei *Otelo* no ensino médio, e depois também, na universidade, em todo lugar, depois que Otelo estrangula Desdêmona, quando ela diz "ninguém me matou", a turma sempre começava a rir. Afinal compreendi que é bem possível que a intenção de Shakespeare fosse que rissem. É tão terrível que chega a ser engraçado. Shakespeare com certeza sabia que ririam, que lhe importava que rissem no momento mais trágico? Em *Hamlet* às vezes eu também ri. No trecho com o fantasma do pai, quando ele vê o fantasma do pai e pergunta: quem é você? quem é você?, e o fantasma diz: sou o fantasma de seu infeliz pai que morreu assassinado por mão impura. Agora, quando me lembro disso, penso que Shakespeare pôs na boca do fantasma palavras tão festivas, tão teatrais, que a coisa lembra um pouco uma paródia. Um pouco de "teatro dentro do teatro". Ou também, no final de *Hamlet*, na última cena, quando todo mundo estoca e envenena todo mundo, aqueles que era mesmo para estocar e envenenar e aqueles que não.

Assisti a uma aula sua na Universidade de Tel Aviv sobre "Fernheim", de Agnon. Você na verdade leu para a turma a história inteira e explicava o texto à medida que lia. Uma leitura casada.

Durante todos os anos em que ensinei literatura, minhas aulas foram quase sempre de "leitura casada". Eu levava uma obra para a classe — até mesmo *Tmol Shilshom* — e lia o livro do início ao fim, com alguns saltos, e apontava com o dedo, vejam isto, vejam isto, vejam isto. Como faz um guia de turismo, que conduz um grupo de pessoas num passeio e diz a elas: vamos parar um instante, olhem para o outro lado do uádi, lembrem-se dessa rocha que estão vendo lá, prestem atenção nela. E duas horas depois, quando estão no outro lado do uádi, bem embaixo da rocha, ele diz: agora quero que olhem daqui para o outro lado, lá onde a gente esteve antes, e compreendam por que eu disse para olhar para cá. É mais ou menos isso que eu faço. Simplesmente porque já passei por esse caminho algumas vezes e sei onde vale a pena parar e olhar e prestar atenção, o que vai ecoar mais adiante e o que não. Quando eu ensinava no ensino médio e também quando ensinava na universidade. Me parece que a maioria dos estudantes está lá por amor. Parte deles talvez pense que eu levo tudo para o lado mais leve, superficial, que não sou sério o bastante, até mesmo o jargão e a terminologia eu só uso quando são indispensáveis, muito pouco mesmo. Eventualmente digo o que é sinestesia, ou explico o que é um oximoro, coisas desse tipo, mas muito menos que outros professores. E mesmo quando uso os termos consagrados, eu lhes dou uma interpretação um pouco diferente da que consta no dicionário. Por exemplo, na aula, entre outras coisas, explico "ironia" com a ajuda das palavras "seriedade fingida". Para mim, a leitura em voz alta é em si mesma uma interpretação, no mínimo é mais da metade interpretação. Eu ouvia dos alunos coisas que às vezes me abriam os olhos. Uma vez li numa aula na universidade trechos do livro *O mesmo mar*, e houve alunos que me mostraram coisas que eu não tinha visto. Algo neles se conecta com algo, alguma coisa parecida com outra, no mesmo livro, ou em outro livro meu, ou até no livro de outro autor. Ou com alguma coisa que aconteceu na vida deles. São essas coisas que compõem a minha aula de literatura. Mesmo numa sala de aula enorme, e em Beer Sheva havia às vezes 140 ou 150 estudantes e ouvintes, até ali eu fazia questão de que se manifestassem e falassem. E se nem todos ouviam a pergunta ou a observação, eu repetia ao microfone o que tinham dito. E ainda hoje curto fazer isso.

Não poucos professores de literatura despertam em seus alunos aversão à leitura de literatura para toda a vida. Outros vieram da universidade e pensam que no ensino médio sua missão é preparar uma geração de pesquisadores. Mas um professor de literatura no ensino médio não precisa preparar pesquisadores, assim como um professor de música não precisa formar musicólogos ou compositores. Um professor de música seduz ouvintes de música, e uma professora de literatura precisa seduzir leitores. Estou usando a palavra "seduzir" porque sempre acreditei que educação e ensino são uma questão de sedução. Uma questão quase erótica.

O professor ou a professora aspira a fazer com que os alunos gostem daquilo de que ele ou ela gostam. Sim. Seduzir. Na verdade, a educação como sedução é uma ideia de Aristóteles. Alguma vez ocorreu a você que o dicionário do Ministério da Educação está cheio de verbos que derivam da área da violência sexual? Introduzir valores, aprofundar conhecimento, radicar o amor a Israel, abrir e instilar e ampliar e semear. Por que não substituir esses verbos por outros que vêm do contexto do namoro, da sedução e do encantamento?

Você gosta de ensinar.

Gosto de ensinar. Gosto e sinto prazer nisso. Mas sempre me acompanha a sensação de que estou conduzindo minha classe por um caminho estreito entre abismos. Quando se ensina uma obra literária e quando se escreve a biografia de um escritor ou uma monografia sobre ele, é muito fácil cair em armadilhas: por exemplo, que a vida explica a obra. Por exemplo, que a vida do escritor não tem relação alguma com sua obra. Por exemplo, que a poesia expressa alguma vivência do autor. Por exemplo, que a poesia não expressa nenhuma vivência do autor.

Professores da geração anterior perguntavam: "O que o escritor quis dizer?". Eles liam Bialik,* "Hachnissehi tachat knafech" [Abriga-me debaixo de tua asa], para mim o poema de amor mais belo da moderna literatura hebraica. Desde o Cântico dos Cânticos não foi escrito em hebraico um poema de amor tão maravilhoso. Mas os professores da geração mais antiga incumbiam a classe de ler "Hachnissehi tachat knafech" e perguntavam: "O que o poeta quis dizer?". O que esta pergunta quer dizer? Uma entre três possibilidades: ou Bialik quis dizer algo mas teve dificuldades

---

* Chaim Nachman Bialik (1873-1934), um dos inovadores do hebraico moderno e do iídiche, considerado o poeta nacional do povo judeu.

para se expressar e por isso não conseguiu traduzir no poema o que queria, e então nós — o professor e a classe — vamos resgatar a intenção de seus balbucios e dizer em vez dele o que ele diria se fosse capaz de se expressar. Ou Bialik quis dizer algo e disse o que queria, mas numa língua estranha, talvez em coreano, e temos de traduzi-lo para o hebraico. Ou então Bialik nos armou um enigma, um sudoku, ou uma espécie de palavras cruzadas, e nós temos de resolver e decifrar. "O que o poeta quis dizer?" Mas talvez ele não quisesse dizer nada. Talvez ele quisesse tocar, ou desenhar, ou cantar, ou latir e uivar para a lua, ou brincar. Ou tudo isso junto.

Foi assim que ensinaram literatura a você também?

Tive professores ruins e professores bons. Tive Zelda, a poeta Zelda. Professora de literatura como ela talvez não tenha existido no mundo. Nunca. Foi minha professora na segunda série, eu também estava um pouco apaixonado por ela, e não havia professora mais maravilhosa que ela para ensinar palavras. O que faz uma palavra dentro de uma frase? O que faz o modo como a palavra é colocada numa frase? Quantos quadros estão pendurados na parede, e qual é o espaço entre os quadros? E qual a importância do pedaço de parede vazia entre um quadro e outro? Depois, tivemos um professor na escola religiosa para meninos Tachkemoni, Mordechai Michaeli, nem me lembro se contei ou não sobre ele em *De amor e trevas*. Ele nos dava beliscões nas bochechas. Nunca ia além disso, mas beliscava com gosto. Mordechai Michaeli adorava contar histórias. Em toda aula que dava ele nos contava lendas, parte delas da mitologia grega, parte de nossos sábios de abençoada memória e no tesouro de lendas de Israel, do tesouro de lendas de Berdichevsky, e parte de todo tipo de antologias de lendas dos povos; hoje isso sumiu do mercado, quem é que lê isso hoje em dia? E parte, pelo visto, eram lendas que ele mesmo inventava. Ou juntava, mesclava, ou virava de cabeça para baixo. Era como se ensinasse literatura, mas sem levar em conta o currículo. Não ensinava nada que constava no currículo, o tempo todo nos contava histórias e lendas. Bem mais da metade da turma dormia em suas aulas, mas isso não incomodava o professor Michaeli. Nunca reclamava nem admoestava. Outra parte da turma ficava jogando bolinhas de papel uns nos outros, e isso tampouco o perturbava: que joguem. Mas eu ficava lá sentado de boca aberta, a cabeça sempre meio inclinada, os olhos arregalados, e eu bebia avidamente as histórias que ele contava. Só contava. Não analisava, não explicava, não remexia na questão de "o que o contador dessa história quis dizer com isso". Nunca extraía uma moral da história, não apontava para os "recursos artísticos" nem para os "truques" nem para o "método", nem explicava o fundo biográfico e social e histórico, sempre nos poupava de correlações e fundo moral; simplesmente contava. E às vezes, somente às vezes, retornava no fim da história, ou no meio da história, a algo que já contara no início, mas essa repetição às vezes era uma variação. Uma espécie de digressão. Ou pequeno acréscimo.

Depois, na escola do kibutz Hulda, tivemos durante um ano um professor jovem, assalariado, que tinham ido buscar na universidade porque no kibutz não havia professores suficientes. Era um estudante no terceiro ano de literatura hebraica. Um refugiado, sobrevivente do Holocausto. Você com certeza conhece o nome dele: Aharon Appelfeld.

Naquela época Aharon Appelfeld era muito, muito inseguro, em tudo. Ele nos deu uma aula sobre *Tmol Shilshom*, foi meu primeiro encontro com *Tmol Shilshom*, na 11ª ou 12ª série. Ele ensinava bem, com sensibilidade, mas sabe o quê? Ele hesitava. Hesitava sempre. Sempre olhando para os lados para ver se tinha para onde recuar ou onde se esconder. Ele dizia, por exemplo: "Itzchak, quando chegou ao país, passou a primeira noite, de certa forma, na pensão de Chaim Baruch". Ou dizia: "E em Erets Israel o verão, de certo modo, é muito mais quente do que na Galícia polonesa". Ele usava essas frases ambíguas. Uma vez chegou a dizer: "Sob vários aspectos Agnon não nasceu aqui no país". Na turma riam dele, mas para mim a eterna hesitação de Aharon Appelfeld era muito tocante. E tínhamos mais um professor, era também o diretor da escola em Hulda, chamado Oizer Chuldai, o filho dele é atualmente o prefeito de Tel Aviv. Oizer Chuldai era uma força da natureza. Foi uma das pessoas mais carismáticas que conheci na vida, e também uma das mais amedrontadoras. Sabia criar trovoadas, quando queria, e nós às vezes tremíamos diante dele. Profissionalmente, era professor de ciências naturais, biologia, botânica, mas ensinava todas as crianças a tocar flauta doce, dava aulas de história, passava slides sobre arte renascentista e dava aulas sobre reconhecimento de plantas com pinças e microscópio, e de repente ficava farto de tudo aquilo, entrava na classe e dava aula o dia inteiro, dizendo: "Hoje vamos falar o dia inteiro sobre Napoleão!", e falava sobre Napoleão assim: na história, na literatura, no romantismo alemão, na música de Beethoven, na pintura, e desse modo fazia esses grandes recortes, sempre em grandes panoramas aéreos. Não era homem de detalhes. A não ser na biologia e na botânica, não era homem de detalhes. Mas seus grandes panoramas aéreos eram uma coisa que eu não esqueço nunca. Onde você vai achar hoje um professor de biologia capaz de te dar uma maravilhosa aula de literatura? Talvez tenham restado em algum lugar um ou dois. Talvez.

E na universidade?

Na universidade havia Halkin, Sadan, Shaked, Verses, havia Schirmann, que ensinava poesia medieval. Schirmann era um homem muito honrado. No início do ano ele nos disse: "Tudo que vou ensinar aqui já está escrito em meu livro. Se ensinasse alguma coisa que não consta no livro, isso seria um péssimo sinal no tocante ao livro, por isso vocês não são obrigados a frequentar minha aula, vocês apenas são obrigados a conhecer o livro". Ele disse isso na primeira aula. E realmente a maioria de seus alunos não se deu ao trabalho de frequentar suas aulas. Estudavam o livro dele, compareciam nos dias das provas, faziam as provas e seguiam adiante. Eu às vezes escrevia sob pseudônimo pequenos textos humorísticos para o jornal de estudantes, intitulado *Pi Haaton* [A Boca da Mula]. Eles me pagavam mais ou menos cinco liras por artigo. Uma vez escrevi sobre Schirmann. Schirmann assinava no fim do ano na caderneta do aluno, pois naquela época os estudantes tinham de ter a assinatura dos palestrantes na caderneta de presença. Schirmann assinava e pronto. Nem olhava na sua cara. E houve um dia de inverno em que toda Jerusalém ficou em polvorosa porque um urso tinha fugido do Zoológico Bíblico. Afinal, à noite, ele foi encontrado e devolvido à sua jaula. Escrevi para o *Pi Haaton* inventando o que esse urso tinha feito no dia em que perambulou livre por Jerusalém. Não me lembro mais o que escrevi, mas uma das coisas era que ele tinha ido colher a assinatura do professor Schirmann para comprovar que tinha comparecido regularmente no curso sobre poesia na Espanha.

Qual desses palestrantes o influenciou especialmente?

Esses três que mencionei, Sadan, Halkin e Shaked. Também Lea Goldberg, com quem não tive aulas, mas fui como ouvinte a algumas de suas conferências. Ela era aguda, incisiva, fascinante, muito concisa, e nunca entrava em digressões poéticas durante uma conferência. Nem uma só vez. Alguns professores de filosofia, Rotenstraich, Fleishman, eram de primeiríssima. Quem sabe ainda existam professores assim? Lembro quando Rotenstraich veio nos dar a primeira aula de filosofia e começou com a pergunta: "Qual é a diferença entre um filósofo e um leigo? O leigo olha para uma ponte e diz consigo mesmo: esta ponte apoia-se em pilastras. O filósofo sabe que a ponte não se apoia em pilastras, a ponte apoia-se em leis, e se mudar apenas uma das leis sobre as quais a ponte se apoia — as leis da geologia e da física e da metrologia e da hidrologia e da engenharia —, de nada vão adiantar à ponte todas as suas pilastras, e ela vai desmoronar como um castelo de cartas". Isso me acompanha até hoje. Mas eu cursei a universidade com a respiração ofegante, pois já estava casado com Nili e já tínhamos Fania, e eu viajava para Jerusalém, dormia lá duas noites e voltava para Hulda, tornava a viajar, voltava, e além disso só tive dois anos para tirar o diploma.

Foi disso que o encarregaram no kibutz?

O kibutz foi muito cauteloso e desconfiado: por um lado, precisava urgentemente de um professor de literatura no ensino médio. Acharam que eu era adequado à função e me mandaram para estudar na universidade. Por outro lado, temiam que se me graduasse eu fugiria imediatamente do kibutz, e por isso disseram: "Está bem, você vai estudar dois anos, não precisamos do diploma, não somos pessoas formais". No fim o que houve é que eu passei a perna neles duas vezes: eu me graduei em dois anos e não abandonei o kibutz.

E quando voltou, você ensinou no kibutz?

Sim, ensinei. No início, eu dava aulas três dias por semana e três vezes por semana trabalhava na plantação de algodão, na *falcha*. Com 22 ou 23 anos eu já ensinava. À noite escrevia contos, de manhã dava aula, nos sábados participava de mutirões no pomar de árvores frutíferas e nos fins de tarde trabalhava nos rodízios no refeitório. Isso porque há cinquenta anos os dias e as noites eram muito mais longos do que são hoje, pois o globo terrestre girava muito mais lentamente, naquela época ainda não giravam em volta dele tudo quanto é tipo de satélites.

Com certeza. E existem mais coisas que mudaram. O modo como se lê literatura. Como se ensina literatura.

Nas últimas décadas o ensino da literatura não raro tem se transformado em ensino de política de minorias, ou de estudos de gênero, ou narrativas alternativas contra narrativas hegemônicas — em muitos lugares ensina-se hoje sociologia por meio de literatura. Uma conversa deprimente diante de uma conversa subversiva. Talvez uma combinação de um neomarxismo com um neofreudianismo, talvez às vezes com um tempero nietzschiano.

Para muita gente, talvez também para o Ministério de Educação e o Ministério de Cultura, a criação literária parece ser uma espécie de carroça que tem de levar aos alunos uma carga: o legado do judaísmo oriental, ou a consciência do Holocausto, ou nosso direito a este país, ou o que for. Mas na leitura de uma boa obra, o tesouro não está nas profundezas de algum cofre que é preciso "arrombar". O tesouro está em toda parte: na palavra isolada. Na junção das palavras. No fraseado. Na melodia. Nas reiterações. Em toda parte. E, principalmente, talvez bem ali nos espaços entre as palavras ou entre as frases ou entre os capítulos.

Muitas pessoas pensam que ensinar literatura é na verdade rasgar um véu ou revelar alguma nudez. Não a nudez da realidade, mas a nudez da própria história. Veja, por exemplo, certos pesquisadores e críticos identificaram em *Meu Michel* uma porção de estereótipos de gênero condenáveis. Identificaram misoginia. Identificaram uma objetificação de Hana Gonen, a heroína do livro, e dos objetos de suas fantasias. Identificaram um orientalismo desprezível. Identificaram racismo. Resumindo: catalogaram o livro como um texto deprimente e racista que representa as ideias antiquadas de um macho branco judeu privilegiado. Hana e eu lemos parte dessas coisas que escreveram sobre nós e desejamos a nossos acusadores que tenham a vida toda apenas fantasias sexuais politicamente corretas.

Agora nos dizem que todas as histórias no mundo, não importa qual é o enredo, quem são os personagens, qual é o contexto, na verdade são todas a mesma história: a luta pelo poder e pela dominação. Pela hegemonia. Se a gente desnudar as histórias, vai descobrir por um lado uma elite privilegiada e, por outro, oprimidos subversivos. Toda história no mundo, se a descascarmos, pertencerá ou ao lado dos bons ou ao lado dos perversos. Até mesmo uma lenda, um história policial, uma anedota, não são ingênuas. Arranhe um pouco sua superfície e vai encontrar exploração e exclusão, constructos e lavagem cerebral. Tudo didático. Tudo atrelado. Segundo esta concepção, ensinar literatura é na verdade ser como um sapador da polícia que neutraliza uma carga suspeita de ser explosiva, ou como um guerrilheiro que contrabandeia armas que serão usadas pelos oprimidos. Até mesmo uma fantasia ingênua já não é ingênua em nossos dias, pois quem fantasia é suspeito de ser um infiltrado que veio fazer de sua fantasia um constructo. Copiá-la e impô-la. E utilizá-la como um instrumento para a perpetuação da hierarquia dominante. Todos são agentes: os personagens, o escritor e também o leitor que interpreta. O mundo inteiro são paradigmas ou um blefe. Toda a literatura não passa de interesses ou de uma tentativa astuciosa de camuflar os interesses.

Não concordo com você. Acho que essas leituras às quais você se refere podem ser brilhantes e esclarecedoras, e às vezes elas até mesmo abrem caminhos. Leituras de literatura mediante uma perspectiva de identidades políticas, por exemplo, deram uma grande contribuição para que compreendamos a própria literatura e também a luta social e ideológica dentro da qual ela foi escrita. Verdade que às vezes parece que esse tipo de leitura ficou fora de moda. E sim, essas leituras em sua maioria não são boas, são simplistas, unidimensionais e desvirtuam as obras. Mas sempre houve leituras bisonhas de obras literárias, e sempre haverá, na hipótese de que as pessoas continuem a ler.

Claro que é permitido — e também vale a pena — olhar às vezes para uma história ou um romance através de uma janelinha sociológica ou histórica, ou por curiosidade política, ou com viés psicológico, ou com um olhar feminista. Tudo funciona. E às vezes, como você diz, não só funciona como é fascinante e irradia uma luz nova, por que não? Mas o quê? Talvez valha a pena acionar essas atenções sem exigir uma totalidade. Sem um rolo compressor totalitário. Pois se uma obra literária valer alguma coisa, vale exatamente porque contém nela mais do que se possa extrair para um recipiente sofisticado modelo A ou para um recipiente inovador modelo B. Também, na verdade, principalmente, porque de maneira alguma vale a pena abrir mão dos excedentes. Se um leitor ou um crítico, no ardor da revelação da nudez, esquecer os "excedentes", até a mais rigorosa análise se arrisca a "escurecer como um quarto/ sem as estrelas que ficaram fora", como escreveu Alterman.[10]

Pelo menos uma vez por semana me procuram entrevistadores de tudo quanto é país. E sempre chega o momento de uma pergunta, que é sempre a mesma: "Qual é a função da literatura?". Há todo tipo de variantes: a função da literatura na sociedade, a função da literatura na política, na consciência judaica, no conflito israelense-palestino. E eu digo a esses entrevistadores: "Modifiquem a pergunta". Em vez de me perguntar qual é a função da literatura, perguntem qual é a dádiva da literatura. Então eles fazem essa pergunta, porque são educados. Porque não se sentiriam bem se recusassem. Mas não estão satisfeitos, queriam que eu lhes trouxesse um peixe gordo que renderia uma manchete, queriam ouvir de mim que a literatura é um chicote com o qual se açoitam os políticos ou que a literatura é a ponta de lança da revolução. Não sei o que queriam. Em vez de tudo isso eu menciono: a dádiva da literatura. Eu lhes digo: a dádiva é dupla. Uma, você pega um livro, romance, contos, e o lê, e na página 24 perde a respiração: mas esta sou eu, como é que a escritora sabia? Ela não me conhece. Não está apenas falando de mim, está realmente falando de meus segredos, que não revelei a ninguém. Este é um tipo de dádiva. A segunda é a dádiva oposta: você está lendo, virando as páginas, e de repente chega à página 84, espanta-se e diz: uau, esta nunca poderia ser eu. Mesmo se me dessem 1 milhão de dólares eu não faria uma coisa dessas. De maneira alguma eu seria capaz de fazer uma coisa dessas. Essas duas experiências — "é exatamente eu" e "de forma alguma pode ser eu" (e às vezes: "que sorte que não sou eu") — estão entre os grandes prazeres da leitura, pois você, a leitora, está sendo convidada a examinar novamente as fronteiras de você mesma. Inclusive territórios distantes, que você só visita de raro em raro, talvez nunca. Mas na história você de repente identifica e diz sim, tenho uma região distante que é assim, eu já estive lá faz muitos anos, mas ela é minha, é parte de mim. Ou, ao contrário, você diz: não, isso definitivamente está fora de minhas fronteiras. Nunca pisarei lá. O primeiro caso é um prazer, o segundo caso é um prazer. E há também um terceiro prazer, quando, durante a leitura, suas fronteiras começam a se alargar. Como se as paredes se abrissem e descortinassem uma paisagem que você nunca viu. Ou uma paisagem que você tinha medo de ver.

Veja só, voltamos às fronteiras, com as quais começamos.

Exatamente, é a tomada de consciência. Tomada de consciência de quê? Tanto do que é estranho quanto do que é conhecido. Penso que essas duas conscientizações são dádivas. Não dá para dizer que são sempre prazerosas. A conscientização de si mesmo é frequentemente o oposto do prazer. E a percepção do estranho muitas vezes não é fácil. Mas é uma dádiva. Tudo de repente se amplia. Para mim, essa é a dádiva da literatura. E meu prazer como contador de histórias é oferecer a você essa dádiva como leitora.

Talvez seja uma dádiva da arte, não só da literatura.

A boa literatura está muito mais próxima da pintura e da música do que da história ou da sociologia ou do judaísmo ou do sionismo, do legado das comunidades do Oriente ou do Ocidente, ou seja lá o que for. Já te disse uma vez que a meu ver a literatura é na verdade a prima da fofoca, da avidez humana por saber o que acontece atrás das persianas baixadas de outras pessoas, quais são seus segredos. Só que a literatura não cumprimenta na rua esta sua prima, a fofoca, porque tem vergonha do parentesco que existe entre elas. A diferença entre essas duas primas é que a fofoca nos conta o que sempre soubemos, isto é: que na verdade todo mundo é igual e ninguém é lá essas coisas... Enquanto a literatura às vezes conta alguma coisa que não sabíamos, ou algo que sempre soubemos mas não sabíamos que sabíamos, e de repente se derrama sobre esse algo uma luz que dá a essa coisa conhecida o emocionante gosto da novidade, de uma primeira vez na vida. A fofoca é o fervor de todos nós de olhar pela janela dos vizinhos para ver se eles são ou não são mais ou menos como nós. Em comparação, a literatura nos convida às vezes não para olhar pela janela dos vizinhos, mas para ver por um momento qual é o aspecto do mundo inteiro quando se olha pela janela dos vizinhos. E até mesmo como eu e você parecemos ser quando olham para nós pela janela do vizinho.

6. Faz tempo que as luzes do sinal de trânsito mudam sem nossa ajuda

Falamos sobre as mudanças pelas quais você passou como escritor, por exemplo, a do pé no freio, que ficou mais pesado. Como pessoa, como amigo, como homem político, você acha que está mudando com os anos?

É bem simples. Hoje eu perdoo muito, muito mais do que perdoava quando tinha vinte anos, ou dezessete. Perdoo muito mais. Com exceção da crueldade. Outras coisas eu posso perdoar às vezes, mas não a crueldade. Vou dizer agora uma coisa da qual não tenho certeza. Talvez essa mudança tenha me tornado um escritor um pouco melhor. E do que não tenho certeza? É que houve escritores que escreveram com crueldade, escreveram sobre crueldade e aparentemente sem nenhum perdão ou nenhuma compaixão. Samuel Beckett, por exemplo, ou até mesmo Kafka. Eles não escreveram com compaixão. Por isso talvez não valha a pena fazer disso uma generalização. Falo só por mim mesmo, a mim talvez o perdão faça ser um escritor um pouco melhor, em minha categoria.

Vou restringir a restrição. Se não me engano, Beckett e Kafka são os escritores dos quais você se sente menos próximo. Verdade?

Mais perto de Kafka, de Beckett, menos. Me sinto próximo de Kafka por vários motivos. De Beckett, menos. Kafka até está pendurado aqui em minha parede. Você viu, na entrada do quarto? Os exercícios dele aprendendo hebraico?

Ao contrário de Tchékhov, Agnon e outros, nunca falamos sobre ele, então errei ao supor que ele era menos próximo de você.

Então vamos falar sobre ele. Mas antes de falar sobre Kafka, quero te contar sobre um amigo nosso, Eran Dolev, que foi diretor de departamento no hospital Ichilov. Ele nos contou que uma vez levaram para o Ichilov uma mulher de 102 anos, que tinha sofrido uma pancada na mão. Na emergência a enfaixaram e lhe disseram: suba para que um clínico a examine, pois a senhora tem 102 anos. O nosso amigo a examinou e atestou que estava perfeitamente bem. Perguntou a ela: diga, daqui para onde você vai? Ela disse: para casa. Onde é sua casa? Em Jaffa. Como vai chegar em Jaffa? Vou pegar dois ônibus. Ele lhe disse: quer saber? Eu terminei meu turno, vou levar a senhora em casa no meu carro. No caminho ele lhe perguntou: a senhora tem filhos? Ela disse: sim, dois filhos. Onde eles estão? Numa casa de repouso para idosos. Acontece que duas vezes por semana ela viajava de ônibus de Jaffa para duas clínicas de idosos diferentes, a fim de levar para os filhos a comida de que eles gostavam. Isso é para que você, como mãe, saiba que "só a morte liberta das fileiras".* Eu simplesmente gostei dessa história e quis contá-la para você. O que ela tem a ver

---

* "Referência a Avraham Stern, membro do grupo militar Lechi, que lutou contra os ingleses antes da independência de Israel e foi assassinado porque pretendia abandonar o grupo. A frase é de um verso que alude ao episódio: "*Mishurá ishachrer rak hamavet*".

com Kafka? Vai ver cheguei até ela por causa da *Metamorfose*, ali o pai é horrível o tempo todo — perverso, agressivo, impiedoso. A mãe vem logo depois, e a irmã é exatamente a última a se desesperar com o monstro que apareceu na casa. A irmã tem compaixão dele, mas a compaixão vai se extinguindo, a paciência vai se acabando, e no fim ela também se alegra com a morte dele. E por último toda a família sai da escravidão para a liberdade e da escuridão para uma grande luz. Toda esta história claustrofóbica termina de repente com a saída da família libertada para a natureza, para o céu azul e as colinas verdes. Talvez isso também seja compaixão, talvez.

Começamos a falar da mudança que houve em você, e não te dei oportunidade para responder, pois logo passamos a falar de Kafka.

Houve uma época que terminou quando eu ainda era muito jovem, em que aqui no país os escritores e poetas tinham uma grande influência sobre a vida pública. Bialik e Brenner e Shlonsky e Alterman, Uri Zvi Grinberg, S. Yizhar, Moshe Shamir. Pessoas que os políticos buscavam decifrar e às quais a opinião pública prestava atenção. Por quê? Não sei, talvez fosse algo como alguma tradição judeu-eslava, uma coisa que de maneira alguma poderia acontecer no mundo anglófono. Não tenho certeza de que presidentes americanos saibam quais são os poetas americanos mais interessantes de sua época. Obama certamente sabe, mas Trump, digamos, ou George Bush, se você encostar uma pistola na cabeça de um deles e perguntar: "Qual é a poeta americana mais interessante? Você tem dez segundos para responder", ele responderia: "Atire, é uma pena perder dez segundos".

Em épocas revolucionárias, em épocas de grandes mudanças, acontece às vezes de grandes segmentos do público estarem atentos às vozes de um pequeno grupo de literatos, poetas ou romancistas ou pensadores. Quando em tempos normais, isso aca-